宁夏引黄灌区乡村产业振兴战略路径研究
课　题　组

专家顾问：

罗锡文　中国工程院院士　华南农业大学教授

陈温福　中国工程院院士　沈阳农业大学教授

陈剑平　中国工程院院士　宁波大学教授

赵春江　中国工程院院士　国家农业信息化工程技术研究中心研究员

主持人：温淑萍　张治华

成　员：王　微　张　静　李　季　张晓琴　杨淑婷　臧　英

海云瑞　杨滨齐　郭文忠　白贺兰　徐丽君　杨国涛

王在满　韩雯玉　李　锋　陈学东　王梓懿　罗　阳

周　慧　朱　丹　张建华　刘海娟

乡村产业振兴之路径与实践
基于宁夏的研究与探索

温淑萍　著

黄河出版传媒集团
阳　光　出　版　社

图书在版编目(CIP)数据

乡村产业振兴之路径与实践：基于宁夏的研究与探索 / 温淑萍著. -- 银川：阳光出版社，2022.9
ISBN 978-7-5525-6498-3

Ⅰ.①乡… Ⅱ.①温… Ⅲ.①乡村－农业产业－产业发展－研究－宁夏 Ⅳ.①F327.43

中国版本图书馆 CIP 数据核字(2022)第 168655 号

乡村产业振兴之路径与实践——基于宁夏的研究与探索 温淑萍 著

责任编辑 李少敏
封面设计 赵 倩
责任印制 岳建宁

黄河出版传媒集团
阳光出版社 出版发行

出 版 人 薛文斌
地 址 宁夏银川市北京东路 139 号出版大厦（750001）
网 址 http://www.ygchbs.com
网上书店 http://shop129132959.taobao.com
电子信箱 yangguangchubanshe@163.com
邮购电话 0951-5047283
经 销 全国新华书店
印刷装订 宁夏银报智能印刷科技有限公司
印刷委托书号 （宁）0024639

开 本 720 mm × 980 mm 1/16
印 张 9.75
字 数 130 千字
版 次 2022 年 9 月第 1 版
印 次 2022 年 9 月第 1 次印刷
书 号 ISBN 978-7-5525-6498-3
定 价 32.00 元

序

党的十八大以来，以习近平同志为核心的党中央坚持把解决好“三农”问题作为全党工作的重中之重，启动实施乡村振兴战略，推动农业农村取得历史性成就、发生历史性变革。习近平总书记多次强调产业振兴是乡村振兴的重中之重，要坚持质量兴农、绿色兴农，以农业供给侧结构性改革为主线，把加快构建现代农业产业体系、生产体系、经营体系作为实施乡村振兴战略的重要抓手。

2019 年，经中国工程院批准，中国工程科技发展战略宁夏研究院启动实施了“宁夏乡村振兴战略路径研究——产业振兴之路径”重大战略研究与咨询项目，项目由中国工程院院士、华南农业大学罗锡文教授主持。经过近 3 年的研究，提出了宁夏乡村产业振兴的战略路径、政策建议和保障措施，觉得有必要将研究成果出版。

本书从区域、产业、市场三个维度，解读了现代农业“三大体系”的丰富内涵、底层逻辑及其统筹协调的战略目标与路径；基于对国家乡村振兴战略宏观政策的理解、对区域乡村产业发展中观态势的分析、对产业技术进步和经济增长微观实际的把握，提出了宁夏乡村产业振兴的战略模式与发展思路；既有一定的理论创新，又符合地方发展的特色实践，对拓展乡村产业发展思路、探索发展规律、指导工作实践、回观历史场景具有一定借鉴作用。

本书整体思路清晰、层层递进、逻辑合理，以朴素的形式，为乡村振兴的美好画卷描绘了产业振兴的一抹亮色。希望本书的出版能够为农业管理与科技研发人员、涉农院校师生，特别是现代农业的广大经营者和服务者提供参考。

刘旭

2022年5月

前　言

乡村产业振兴是乡村全面振兴的关键所在，是巩固拓展脱贫攻坚成果的有效方式，体现着质量兴农、科技强农、农业多功能拓展、农业供给侧结构性改革的重要成果，也是高水平、高质量现代农业产业体系、生产体系、经营体系建设的重要体现，对实现乡村振兴、共同富裕的战略目标，加快农业农村现代化和农业强国建设具有重要意义。

本项目从宁夏引黄灌区产业视角，研究了宁夏乡村产业振兴的资源基础、产业结构、产业优势、面临的问题与挑战，乡村产业振兴的路径、模式及重大工程项目方向等。

本书在明确研究框架的基础上，首先分析了宁夏乡村产业的资源概况、宁夏三次产业的结构与增长情况、农业产业的结构与规模、农林牧渔业经济结构与规模、种植业产品结构与规模、养殖业产品结构与规模；其次，通过区位熵、集中系数和产值规模 3 项指标，分析了宁夏 45 类产业的优势度及其排序位次的变化；再次，从引黄灌区视角对宁夏乡村农业产业进行了系统分析，从结构与规模、优势、质量与效益、加工与消费等维度，重点分析了种植业、奶产业、水产业、枸杞产业及其他产业的发展特点；基于电子问卷调查，分析了宁夏乡村产业振兴的基础与需求；分析了乡村产业发展阶段性存在的问题与挑战。

本书重点对乡村产业振兴的体系架构进行了系统分析，解析了现代农业产业体系、生产体系、经营体系的结构、功能及要素构成，厘清了其底层逻辑，提炼出了乡村产业振兴的“五大系统”维度和“11 字战略”，即主体系统的“合”战略、服务系统的“安”“暖”“信”“配”战略、产出系统的“保”“品”战略、支撑系统的“用”“适”“通”战略、保障系统的“绿”战略，构建了宁夏乡村产业振兴的四类模式，即协调发展的“五行”模式、全价值链经营模式、全业态创新协同化服务模式、品牌共建共营联合体升级发展模式，提出了宁夏乡村产业振兴的战略思考。最后，本书汇集了宁夏乡村产业振兴的部分成功案例，历史性地记录了宁夏农业农村发展过程中的光辉篇章。

本书的面世，将为乡村产业振兴实践提供理论基础与路径参考，为相关机构与个人拓展工作思路、创新理论认识等起到抛砖引玉之微效。

目　录

第一章　导　言

“三农”问题是关系国计民生的根本性问题，农业强不强、农村美不美、农民富不富，决定着亿万农民的获得感和幸福感，决定着我国社会主义现代化的质量和进程。

党的十八大以来，以习近平同志为核心的党中央统筹推进“五位一体”总体布局，协调推进“四个全面”战略布局，坚持把解决好“三农”问题作为全党工作的重中之重，不断推进“三农”工作的理论创新、实践创新、制度创新，推动农业农村发展取得历史性成就。

习近平总书记关于“三农”工作的一系列重要论述，立意高远，内涵丰富，思想深刻，对推进新时代“三农”工作、书写好中华民族伟大复兴的“三农”新篇章具有十分重要的指导意义。

宁夏的农业农村发展与精准脱贫工作受到了党中央、国务院的高度重视。习近平总书记多次到宁夏视察指导工作，从理论、实践等方面提出了许多指导意见。2016 年 7 月，习近平总书记第三次来宁夏考察时指出，发展产业是实现脱贫的根本之策；要因地制宜，把培育产业作为推动脱贫攻坚的根本出路；要构建现代农业产业体系、生产体系、经营体系（简称“三大体系”），为农业农村经济体系建设指明了方向。2017 年 10 月，习近平总书记在党的十九大报告中提出要实施乡村振兴战略，提出一揽子解决

“三农”问题的总目标。2020年6月，习近平总书记第四次来宁夏考察时，赋予宁夏努力建设黄河流域生态保护和高质量发展先行区的历史使命，强调要加快建立现代农业“三大体系”，让宁夏更多特色农产品走向市场。宁夏回族自治区党委、政府多次召开专题会议，落实习近平总书记来宁重要讲话和重要指示批示精神，调动各级部门真抓实干促落实、真金白银强支撑，促进打赢了宁夏乡村脱贫攻坚战，为进一步巩固拓展脱贫攻坚成果、推进实施乡村振兴战略奠定了坚实基础。

一、背景与意义

“民族要复兴，乡村必振兴。”产业振兴是乡村全面振兴的关键。2017年10月18日，党的十九大报告首次提出“实施乡村振兴战略”；2018年的中央一号文件《中共中央、国务院关于实施乡村振兴战略的意见》对乡村振兴战略进行了全面部署；2018年9月，中共中央、国务院印发的《乡村振兴战略规划（2018—2022年）》对今后五年实施乡村振兴战略进行了系统规划；2019年的中央一号文件强调“发展壮大乡村产业”；2020年，聚焦打赢脱贫攻坚战、补上全面小康“三农”领域突出短板两大任务；2021年和2022年的中央一号文件进一步明确了全面推进乡村振兴、加快农业农村现代化的目标、政策和任务等。

宁夏地理环境具有多样性和复杂性，经济发达区域和落后区域之间资源禀赋差异较大，产业环境复杂多变，发展过程中面临诸多因素制约，不同区域乡村产业振兴的方略如何把握、优势资源与制约因素有什么变化、如何进行战略布局等，都是产业振兴需要把脉的重要问题。结合宁夏不同的生态和产业区域，谋划推进乡村产业振兴之路径，促进达成产业兴旺的战略目标，是本研究的初心。在中国工程科技发展战略宁夏研究院（2018年中国工程院与宁夏回族自治区人民政府合作共建的高端智库平台）

的支持下，以2019年立项实施的“宁夏乡村振兴战略路径研究——产业振兴之路径”项目（编号2019NXZD06）为契机，宁夏农林科学院农业经济与信息技术研究所主持了“宁夏引黄灌区乡村产业振兴路径研究”课题(以下简称“本项目”)，《乡村产业振兴之路径与实践——基于宁夏的研究与探索》一书即本项目研究成果之一。

本项目基于对习近平总书记现代农业“三大体系”理论的深入学习与解读，从宁夏引黄灌区产业视角，研究了宁夏乡村产业振兴的基础、现状、战略路径与对策建议，以期为宁夏乡村产业振兴战略实施提供理论基础与路径模式参考。

乡村振兴战略目标的实现，是长期、复杂而艰巨的系统工程。产业兴旺是乡村振兴的基础。在农业农村现代化进程中，乡村在逐步融合工业化、城市化发展元素的同时，人才和水土资源的流出加剧，农产品的市场竞争更加激烈，作为第一产业的农业及其所处的农村面临着生产经营风险加大、效益低下、增长乏力及产业链利益不平衡等诸多挑战，乡村空心化、高素质人才离土化与无人种地的问题突出，乡村传统的产业优势趋于弱化，特别是遇到疫情等突发事件时，农业生产经营保产能、保供给、保民生和稳市场、稳民心、稳社会的任务十分艰巨。

乡村产业振兴是巩固拓展脱贫攻坚成果的重要基础，是乡村全面振兴的关键；体现着质量兴农、科技强农、农业多功能拓展、农业供给侧结构性改革的重要成果；对加快构建现代农业“三大体系”、引领农业农村创新发展、提高农业全要素生产率，促进乡村振兴、共同富裕和农业农村现代化具有重要意义。

二、研究方法与技术路线

（一）研究方法

（1）实证分析与规范分析相结合的方法。在调查研究的基础上，对乡村产业发展的现状、优势、问题和需求等进行实证分析，针对分析出的问题，通过规范分析和专家咨询，完善解决问题的对策。

（2）问卷调查与访谈调查相结合的方法。设计《宁夏乡村产业振兴的基础与需求》问卷，面向全区各类涉农人员开展调查研究，取得第一手数据，为定量分析和定性分析奠定基础。

（3）文献分析与田野调查相结合的方法。选择有特色性、代表性或典型性的乡村和产业主体，进行全面剖析，调查分析乡村振兴战略的实施基础、存在的问题、发展路径及成功的模式、经验等。

（4）定量分析与定性分析相结合的方法。对问题从质和量两个侧面进行分析研究，做到既有概念、内涵、逻辑上的严密性以及理论高度，又有数量上的准确性和说服力，二者互为条件，相互制约。

（5）综合分析方法。基于产业发展理论与层次分析的逻辑，结合比较法、归纳法与演绎法等综合分析方法，系统分析现代农业“三大体系”及乡村产业振兴“五大系统”的构成、功能及其底层逻辑等。

（二）技术路线

本项目遵循一般软科学项目研究的技术路线，从政策方面全面理解乡村振兴战略的总体布局、发展规划、实施方案与推进措施等，对标对表进行研究工作的定向定位。在文献方面，通过查阅国内外乡村产业振兴相关文献，了解同行的研究成果。在数据方面，搜集宁夏乡村产业发展的相关数据；调研引黄灌区乡村产业发展情况；分析省域、县域层面乡村产业发展的现状、优势与劣势，明确制约产业发展的因素；结合问卷调查，分析区内各类人士对乡村振兴战略及产业振兴的认识与价值判断，了解宁夏乡村产业振兴的方向与工程技术需求等。在理论方面，从现代农业“三大体系”理论架构分析入手，以基础研究为支撑，厘清乡村产业振兴的“五大系统”，明确乡村产业发展全要素系统的底层逻辑。在战略研究方面，演绎分析乡村产业发展全要素系统的发展目标，提炼出乡村产业振兴的“11字战略”；在单项产业发展战略分析的基础上，归纳出具有普遍应用价值的乡村产业振兴的模式及路径。在决策服务方面，基于以上调查研究等一系列分析过程，结合咨询论证与研究报告的编写，形成乡村产业振兴的战略对策等决策咨询成果。具体研究技术路线见图 1-1。

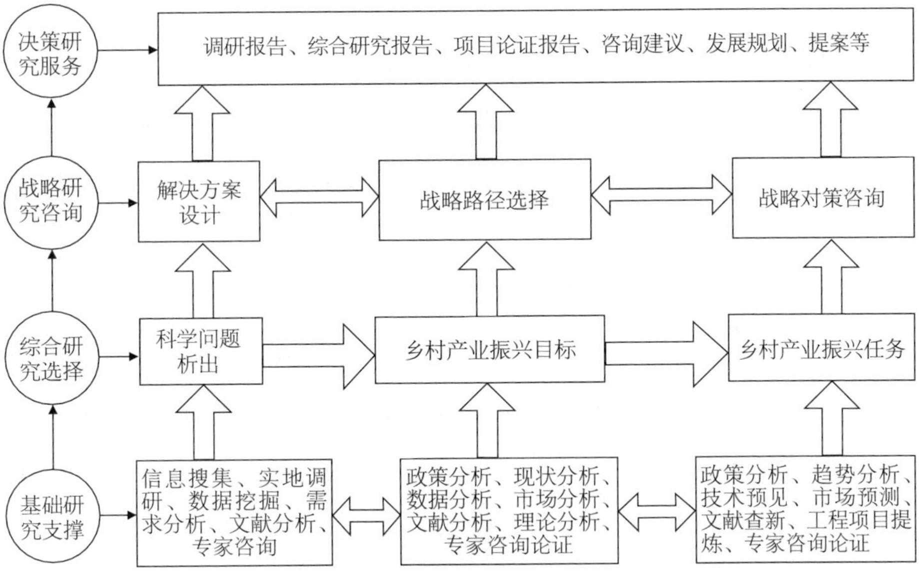

图 1-1 研究技术路线图

第二章　宁夏乡村产业的基础与优势

一、乡村产业振兴的政策依据

乡村产业发展，不仅关系到国家粮食安全、人民健康、经济循环与生态可持续发展，而且直接影响着广大农民的生活质量与经济收入，因此，加强农业资源优化配置，促进乡村产业更好发展，推进农业农村现代化，一直是国家“三农”政策关注的重要方面。

（一）国家层面的相关政策

党的十八大以来，以习近平同志为核心的党中央从实现中华民族伟大复兴中国梦的战略高度，从构建人类命运共同体的宽广视野，精准做出了中国经济发展进入新常态的科学判断，精准分析了现阶段中国社会的主要矛盾，精准定位了国家发展的中长期目标，提出了一系列新理念、新思想、新战略，推出了一系列重大举措、重大项目与重大工程，为“十二五”以来加快推进“三农”相关事业健康发展提供了理论遵循、战略指导和路径参考。

党中央、国务院顺应农业农村发展规律，聚焦农业农村现代化发展目标，聚焦人民日益增长的美好生活需要和不平衡不充分的发展之间的矛盾，针对“三农”工作的薄弱环节，以及农产品阶段性供过于求和结构性供给不足并存、农村基础设施和民生领域基础薄弱、农村环境改善慢、农民适应生产力发展和市场竞争的能力不足、乡村发展整体水平亟待提升等薄弱环节，实施乡村振兴战略与创新驱动发展战略，大力推进供给侧结构性改革，出台一系列强农惠农政策，为全面推进乡村振兴、促进实现共同富裕战略目标提供了重要的组织保障和政策保障。

2014 年，中央一号文件《关于全面深化农村改革加快推进农业现代化的若干意见》强调，要推进中国特色农业现代化，加快构建新型农业经营体系，深入推进农业发展方式转变，大力发展优质安全农产品，努力走出一条生产技术先进、经营规模适度、市场竞争力强、生态环境可持续的中国特色新型农业现代化道路。

2017 年 10 月，党的十九大报告指出，“三农”问题是关系国计民生的根本性问题，必须始终把解决好“三农”问题作为全党工作重中之重，实施乡村振兴战略。这是以习近平同志为核心的党中央从农业农村现代化的全局出发、顺应亿万农民对美好生活的向往而做出的重大决策，为新时代“三农”工作提供了根本遵循。

2018 年 1 月，《中共中央、国务院关于实施乡村振兴战略的意见》明确了产业兴旺、生态宜居、乡风文明、治理有效、生活富裕的战略目标，系统提出了乡村振兴战略的指导思想、基本原则、目标任务与实施方略，形成了分三个阶段实施乡村振兴战略的部署，有很强的引领性、指导性和实践性。8 月，中共中央组织部、财政部、农业农村部联合发布《关于坚持和加强农村基层党组织领导扶持壮大村级集体经济的通知》。9 月，中共中央、国务院印发《乡村振兴战略规划（2018—2022 年）》，明确乡村产业振兴的主要任务：一是坚定不移地夯实农业基础。扎实推进“藏粮于地、藏粮于技”战略，进一步将国家粮食安全战略落得更实更牢。进一步优化农业结构，提高农业的国际竞争力，不断增加农民收入。二是推进质量兴农。完善乡村产业标准体系，加强质量安全监管，不断创新符合乡村产业振兴的组织形式，进一步构建现代农业“三大体系”。三是抓好产业融合。将更多要素导入县域经济发展平台上来，为乡村创造适合农民需要、适合各方面人才展示才华的广阔天地。继续推动现代农业产业园建设，推动农村一二三产业融合发展。四是抓好特色产业。推动特色农产品优势区建设，开展产业兴村强县示范行动、“一村一品”示范村创建，发展具有民族和地域特色的乡村手工业。

2019 年，中央一号文件《中共中央、国务院关于坚持农业农村优先发展做好“三农”工作的若干意见》，从八个方面强调了推进乡村振兴的工作方针，即聚力精准施策，决战决胜脱贫攻坚；夯实农业基础，保障重要农产品有效供给；扎实推进乡村建设，加快补齐农村人居环境和公共服务短板；发展壮大乡村产业，拓宽农民增收渠道；全面深化农村改革，激发乡村发展活力；完善乡村治理机制，保持农村社会和谐稳定；发挥农村党支部战斗堡垒作用，全面加强农村基层组织建设；加强党对“三农”工作的领导，落实农业农村优先发展总方针。

2020 年，中央一号文件《中共中央、国务院关于抓好“三农”领域重点工作确保如期实现全面小康的意见》提出，对标对表全面建成小康社会目标，强化举措、狠抓落实，集中力量完成打赢脱贫攻坚战和补上全面小康“三农”领域突出短板两大重点任务，持续抓好农业稳产保供和农民增收，推进农业高质量发展，保持农村社会和谐稳定，提升农民群众获得感、幸福感、安全感，确保脱贫攻坚战圆满收官，确保农村同步全面建成小康社会。

2020 年 6 月，习近平总书记来宁视察时强调，要发挥创新驱动作用，推动产业向高端化、绿色化、智能化、融合化方向发展；要加快建立现代农业“三大体系”，让宁夏更多特色农产品走向市场；要把握扩大内需这一战略基点，以供给侧结构性改革为主线，着力打通生产、分配、流通、消费各个环节。

2020年7月，习近平总书记在企业家座谈会上强调，要提升产业链供应链现代化水平，大力推动科技创新，加快关键核心技术攻关，打造未来发展新优势；以国内大循环为主体，绝不是关起门来封闭运行，而是通过发挥内需潜力，使国内市场和国际市场更好联通，更好利用国际国内两个市场、两种资源，实现更加强劲可持续的发展。支撑“双循环”格局的两大载体是产业与市场，保持农业生产供给与市场需求的平衡状态，是高质量发展的根本目标。

2021年1月，中央一号文件《中共中央、国务院关于全面推进乡村振兴加快农业农村现代化的意见》发布。2月，国务院直属机构国家乡村振兴局正式挂牌。3月，《中共中央、国务院关于实现巩固拓展脱贫攻坚成果同乡村振兴有效衔接的意见》发布，明确了乡村振兴的重点工作。中央农村工作会议再次强调，坚持把解决好“三农”问题作为全党工作重中之重，举全党全社会之力推动乡村振兴，促进农业高质高效、乡村宜居宜业、农民富裕富足。

2022年，中央一号文件《中共中央、国务院关于做好2022年全面推进乡村振兴重点工作的意见》部署了2022年全面推进乡村振兴的重点工作，强调要牢牢守住保障国家粮食安全和不发生规模性返贫两条底线，扎实有序做好乡村发展、乡村建设、乡村治理重点工作，推动实现乡村振兴取得新进展、农业农村现代化迈出新步伐。

党中央、国务院及国家相关部委不断出台强农惠农政策，大力推进乡村振兴战略实施，充分说明实施乡村振兴战略，对农业农村现代化及解决现实社会矛盾、实现“两个一百年”奋斗目标、实现共同富裕具有重要的现实意义和深远的历史意义。

（二）自治区层面的相关政策

着力构建现代农业“三大体系”，培育壮大新型农业经营主体，全面推进乡村振兴，促进实现共同富裕，努力建设黄河流域生态保护和高质量发展先行区，是当前及今后一段时间内农业农村发展的重大任务；以乡村产业振兴为抓手，促进经济繁荣、生活富裕、生态美丽及乡村振兴，是产业政策的重要目标，也是实现农业农村现代化的现实需要。

自治区党委、政府始终把乡村产业发展作为本区经济工作的重要任务，不断优化产业发展政策，为不同阶段现代农业发展提供了重要政策保障。2014 年，宁夏出台了《关于加快产业转型升级促进现代农业发展的意见》（宁政发〔2014〕43 号）。“十三五”以来，自治区党委、政府积极落实中央“三农”工作相关部署，针对不同阶段乡村振兴发展的需要，陆续出台了以下政策文件。

2016 年，先后出台了《自治区人民政府关于创新财政支农方式加快发展农业特色优势产业的意见》（宁政发〔2016〕27 号）、《自治区人民政府办公厅关于推进农村一二三产业融合发展的实施意见》（宁政办发〔2016〕131 号）等政策文件，为加快乡村产业发展提供了基本遵循。

2017 年，先后出台了《自治区人民政府办公厅关于进一步促进农产品加工业发展的意见》（宁政办发〔2017〕180 号）、《自治区人民政府办公厅转发自治区粮食局财政厅关于大力实施优质粮食工程意见的通知》（宁政办发〔2017〕191 号）、《自治区人民政府办公厅转发自治区农牧厅关于加强农药兽药管理保障食品安全意见的通知》（宁政办发〔2017〕197 号）、《自治区人民政府办公厅关于印发加快推进畜禽养殖废弃物资源化利用工作方案（2017 年—2020 年）的通知》（宁政办发〔2017〕202 号）、《自治区人民政府办公厅关于印发宁夏现代农业科技创新示范区建设总体方案（2018 年—2022 年）的通知》（宁政办发〔2017〕220 号），从不同产业领域提出了乡村产业发展的工作部署与目标任务。

2018 年，1 月出台了《自治区人民政府办公厅关于加快发展冷链物流保障食品安全促进消费升级的实施意见》（宁政办发〔2017〕219 号）、《自治区人民政府办公厅关于加快推进农业供给侧结构性改革大力发展粮食产业经济的意见》（宁政办发〔2018〕5 号）和《宁夏回族自治区实施〈农田水利条例〉办法》（宁夏回族自治区人民政府令第 95 号）；5 月出台了《自治区党委政府关于深入推进农村集体产权制度改革的实施意见》（宁党发〔2018〕14 号）和《自治区党委、人民政府关于加快推进质量强区建设的实施意见》（宁党发〔2018〕17 号）；6月出台了《2018 年自治区实施乡村振兴战略重点工作清单》（宁党厅字〔2018〕37 号）、《自治区党委办公厅、人民政府办公厅印发〈关于创新体制机制推进农业绿色发展的实施意见〉的通知》（宁党办〔2018〕52 号）；10 月出台了《中国（宁夏）贺兰山东麓葡萄产业及文化长廊发展总体规划（2011—2020 年）》；11 月出台了《自治区人民政府办公厅转发人力资源和社会保障厅扶贫办财政厅关于打赢脱贫攻坚战三年行动职业技能培训工作计划的通知》（宁政办规发〔2018〕15 号）。

2019 年，2 月出台了《自治区人民政府办公厅关于开展全区政策性粮食库存数量和质量大清查的通知》（宁政办发〔2019〕14 号）；6 月出台了《自治区人民政府办公厅关于印发深入开展消费扶贫助力打赢脱贫攻坚战实施方案的通知》（宁政办发〔2019〕40 号）；7 月出台了《自治区人民政府办公厅关于印发加快推进农业机械化和农机装备产业转型升级实施意见的通知》（宁政办发〔2019〕44 号）。

2020 年，1 月出台了《自治区人民政府关于推进农业高质量发展促进乡村产业振兴的实施意见》（宁政发〔2020〕1 号）、《自治区人民政府关于探索建立涉农资金统筹整合长效机制的实施意见》（宁政发〔2019〕

43 号)；5 月出台了《自治区人民政府办公厅关于切实加强高标准农田建设提升国家粮食安全保障能力的实施意见》（宁政办发〔2020〕20 号)；6 月出台了《自治区人民政府办公厅印发〈关于推进美丽乡村建设高质量发展的实施意见〉和〈全区抗震宜居农房改造建设实施方案〉的通知》(宁政办规发〔2020〕13 号)。

2021 年，2 月出台了《宁夏九大重点产业高质量发展实施方案》，确定宁夏重点发展的九大产业包括枸杞产业、葡萄酒产业、奶产业、肉牛和滩羊产业、电子信息产业、新材料产业、绿色食品产业、清洁能源产业和文化旅游产业；9 月出台了《宁夏回族自治区科技创新“十四五”规划》，明确以产业高端化、绿色化、智能化、融合化为主要方向，聚焦新型工业(以现代化工、电子信息、新材料、清洁能源、先进装备制造、绿色食品、生物发酵等产业为主)、现代农业（以奶产业、肉牛和滩羊产业、葡萄酒产业、枸杞产业、优质粮食及地方特色产业等为主)、生态保护（以生态保护修复、环境污染治理、资源高效利用为主)、民生保障（以医疗健康、灾害防御、公共安全为主）等领域，谋划提出了一批重点技术攻关方向，旨在突破一批关键技术瓶颈，形成一批应用价值高的科技成果，打造一批具有创新引领效应的优势产业；12 月出台了《自治区人民政府办公厅关于加快推进高效节水农业发展的实施意见》（宁政办发〔2021〕95 号)。

2022 年，2 月出台了《宁夏回族自治区党委、人民政府关于做好 2022 年全面推进乡村振兴重点工作的实施意见》，提出聚焦乡村发展，加快构建现代农业“三大体系”，构建全产业链，推进农业高质高效发展；从推进产业园区化融合化发展、大力提升农产品加工业水平、推行新“三品一标”(品种培优、品质提升、品牌打造和标准化生产）良好农业生产、大力培育现代农业经营服务主体、拓展农业多种功能、推进智慧农业建设和加快农业绿色发展等方面提出具体措施，进一步强调构建县域商业体系，促进乡村更好融入新发展格局。6 月出台了《自治区人民政府办公厅关于支持农产品加工业高质量发展政策的意见》（宁政办规发〔2022〕5 号）。

在自治区党委和政府一系列政策组合拳的影响下，宁夏乡村振兴，特别是农业产业现代化取得了重大进步：农业科技创新能力及支撑水平不断提高；粮食生产能力及其“压舱石”作用进一步增强；农业基础设施逐步完善；农业产业结构持续优化升级；现代农业生产经营体系加快构建；农业品牌影响力不断提升；农业多功能开发、产业融合水平逐步提高；农村新产业新业态不断创新发展。

2020 年，全区粮食总产量 380.5 万 t，人均粮食占有量 528.3 kg，比全国平均水平高 13.3%。瓜菜总产量 725.79 万 t。肉类总产量 33.8 万 t，人均肉类占有量 47 kg；其中，牛肉总产量 11.5 万 t，人均牛肉占有量是全国平均水平的 3 倍，羊肉总产量 10.4 万 t。生鲜乳总产量 215.3 万 t，人均生鲜乳占有量居全国第一位。渔业面积 3.3 万 hm^2，水产品总产量 16.2 万 t。第一产业增加值 338.01 亿元，农产品加工业产值与农业总产值比提高到 1.9：1，农产品加工转化率达到 69%。农产品网络零售额达 27.2 亿元，同比增长 31.5%。

截至 2020 年，宁夏拥有农业农村部认定的特色优质农产品品牌 422 个；入选农产品区域公用品牌 13 个；9 个供港蔬菜基地被香港渔农自然护理署评为信誉农场；14 个蔬菜生产基地被认定为首批粤港澳大湾区“菜篮子”生产基地。宁夏农业发挥了稳粮保供的“压舱石”作用。

二、宁夏乡村产业的资源概况

（一）人口资源

2020 年，第七次全国人口普查数据表明，宁夏辖 5 个地级市 22 个县（市、区），有常住人口 720.26 万人，城镇人口为 467.86 万人，占 64.96%；

乡村人口为252.40万人，占35.04%。与2010年第六次全国人口普查数据相比，城镇人口增加166.03万人，乡村人口减少75.90万人。引黄灌区常住人口占全区常住人口的66%，乡村人口和城市人口分别占全区人口的48%和78%（图2-1）。在5个地级市中，银川市人口为285.91万人，占全区常住人口的39.69%；石嘴山市人口为75.14万人，占10.43%；吴忠市人口为138.27万人，占19.20%；固原市人口为114.21万人，占15.86%；中卫市人口为106.73万人，占14.82%。与2010年第六次全国人口普查数据相比，银川市人口所占比重上升8.07个百分点，石嘴山市、吴忠市、固原市、中卫市人口所占比重分别下降1.09个百分点、1.02个百分点、3.63个百分点、2.33个百分点。人口增加较多的县（市、区）依次为：金凤区、兴庆区、西夏区、贺兰县、永宁县、利通区、原州区，分别增加36.14万人、13万人、12.02万人、11.85万人、10.34万人、8.14万人、5.95万人。

从年龄构成来看，0~14岁人口为146.80万人，占20.38%；15~59岁人口为476.05万人，占66.09%；60岁及以上人口为97.41万人，占13.53%，其中65岁及以上人口为69.28万人，占9.62%。与2010年第六次全国人口普查数据相比，0~14岁人口所占比重降低1.10个百分点，15~59岁人口所占比重降低2.85个百分点，60岁及以上人口所占比重上升3.95个百分点，65岁及以上人口所占比重上升3.21个百分点。在22个县（市、区）中，

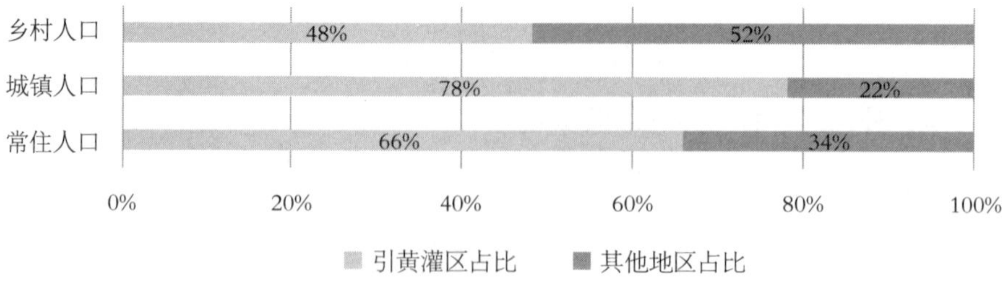

图2-1　全区城乡人口分布情况

有13个县（市、区）的15~59岁人口所占比重在65%以上，有8个县（市、区）在60%~65%，仅有1个县（市、区）在60%以下，有21个县（市、区）65岁及以上人口所占比重超过了7%。

从学历结构来看，大学（大专及以上）、高中（含中专）、初中及小学文化程度的人口比例分别为17%、13%、30%及26%。与2010年第六次全国人口普查数据相比，大学和高中文化程度的人口比例升高；初中和小学文化程度的人口比例显著降低。

（二）土地资源

宁夏总土地面积6.64万平方公里。全区耕地192.2万 hm^2，其中引扬黄灌溉地53.33万 hm^2；园地5万 hm^2，林地76.8万 hm^2，草地209万 hm^2，城镇村及工矿用地27.13万 hm^2，水域及水利设施用地17.6万 hm^2。34%的耕地、52%的草地、16%的林地和85%的园地（四项合计38%）分布在引黄灌区（图2-2）。宁夏平原占宁夏总面积的26.8%，是宁夏传统优势产业区，有2 000多年农耕灌溉史，2017年宁夏引黄古灌区被列入世界灌溉工程遗产名录。

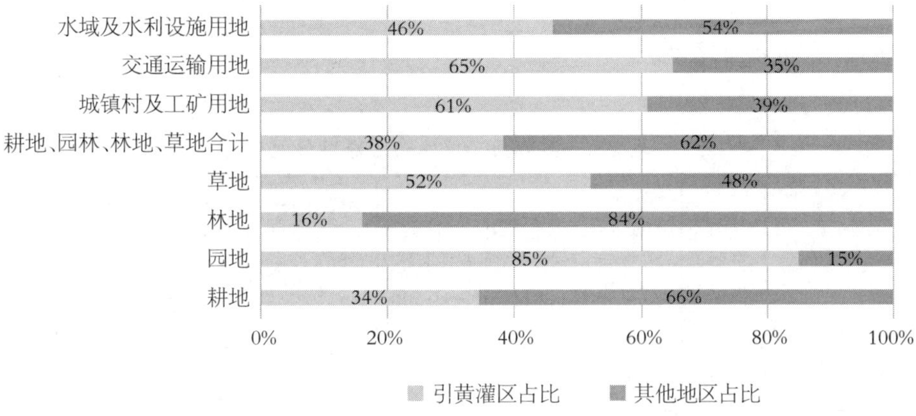

图2-2　全区土地资源分布

（三）水资源

宁夏水资源量 67.923 亿 m^3，人均水资源占有量仅为全国平均水平的 1/12，可利用量仅 670 m^3/人，为全国平均值的 1/3。黄河自中卫流经卫宁平原和银川平原的 10 个县（市、区），至石嘴山出境，境内流程 397 km，多年平均过境水量 317 亿 m^3。北部引黄灌区灌溉面积 36.67 万 hm^2，当地水资源量 4.26 亿 m^3，水资源可利用总量（含黄河配水）33.4 亿 m^3，占全区水资源可利用总量的 80.5%。引黄灌区年均蒸发量 1 100~1 600 mm，年均降水量 180~200 mm，7—9 月雨量占全年雨量的 60%~70%；主要灾害是干旱，偶发暴雨、霜冻、冰雹等。

2020 年，宁夏农业（含农田林网等）用水量 55.969 亿 m^3，全区水资源额度分配见表 2-1。全区有高效节水灌溉蔬菜 4.8 万 hm^2、葡萄 3.8 万 hm^2、枸杞 2.3 万 hm^2、硒砂瓜 4.7 万 hm^2、马铃薯 2 万 hm^2；渔业面积 3.3 万hm^2；大田作物面积 53.3 万 hm^2；湿地保有面积 20 万hm^2；林地 76.8 万 hm^2，其中非灌木林 45.1 万 hm^2，占林地总面积的 59%；草地 60 万 hm^2（不含天然草地）；城市建成区绿地约合 1.6 万 hm^2。宁夏依托有限的水资源，实现了城乡居民生活改善，促进了工业化、城市化与信息化发展，推进了现代农业发展与美丽乡村建设。

表 2-1　某年度全区水资源额度分配

市、县（区）		用水总量/亿 m^3	黄河干流用水指标/亿 m^3	黄河支流用水指标/亿 m^3	农业用水量/亿 m^3	农业用水量占地区用水总量的百分比/%	地区用水总量占宁夏水资源量的百分比/%	农业用水指数/%
合计		65.365	56.967	1.610	55.969	85.6	96.2	100.00
银川市	小计	21.394	18.992		17.736	82.9	31.5	26.11
	兴庆区	2.731	2.282		1.670	61.1	4.0	2.44

续表

市、县(区)		用水总量/亿 m^3	黄河干流用水指标/亿 m^3	黄河支流用水指标/亿 m^3	农业用水量/亿 m^3	农业用水量占地区用水总量的百分比/%	地区用水总量占宁夏水资源量的百分比/%	农业用水指数/%
银川市	金凤区	1.706	1.522		0.928	54.4	2.5	1.36
	西夏区	3.012	2.755		2.271	75.4	4.4	3.32
	永宁县	4.606	4.040		4.294	93.2	6.8	6.34
	贺兰县	5.467	4.817		4.982	91.1	8.0	7.29
	灵武市	3.872	3.576		3.591	92.7	5.7	5.28
石嘴山市	小计	11.893	10.273		9.872	83.0	17.5	14.53
	大武口区	1.146	0.736		0.538	46.9	1.7	0.80
	惠农区	2.917	2.417		2.294	78.6	4.3	3.38
	平罗县	7.830	7.120		7.040	89.9	11.5	10.24
吴忠市	小计	16.799	15.599	0.090	15.182	90.4	24.7	22.33
	利通区	4.923	4.483		4.186	85.0	7.2	6.12
	红寺堡区	2.289	2.252		2.177	95.1	3.4	3.23
	青铜峡市	6.366	5.898		5.917	92.9	9.4	8.73
	盐池县	0.805	0.716	0.030	0.638	79.3	1.2	0.95
	同心县	2.416	2.250	0.060	2.264	93.7	3.6	3.37
固原市	小计	2.543	0.515	1.450	1.911	75.1	3.7	2.78
	原州区	1.144	0.382	0.450	0.865	75.6	1.7	1.29
	西吉县	0.565	0.133	0.330	0.428	75.8	0.8	0.61
	隆德县	0.222		0.210	0.157	70.7	0.3	0.21
	泾源县	0.144		0.130	0.104	72.2	0.2	0.14
	彭阳县	0.468		0.330	0.357	76.3	0.7	0.53
中卫市	小计	12.736	11.588	0.070	11.268	88.5	18.8	16.64
	沙坡头区	5.453	4.955		4.577	83.9	8.0	6.71
	中宁县	6.099	5.705	0.030	5.634	92.4	9.0	8.32
	海原县	1.184	0.928	0.040	1.057	89.3	1.7	1.52

注：数据来源于宁夏水利厅网站。

三、宁夏乡村产业的结构

进入新时代，宁夏贯彻新发展理念，落实国家经济建设与农业农村改革相关政策，加快供给侧结构性改革，不断调整优化产业结构，促进地区资源优势转化为经济优势，地区生产总值保持增长态势。

（一）宁夏第一、第二、第三产业增长趋势

宁夏第一产业发展稳中求进，第二产业在2018年前保持增长、之后下降，第三产业持续快速发展，2016年后超越第二产业，如图2–3所示。第一、第二、第三产业结构不断优化，2020年调整为8.6∶41∶50.4，“十三五”期间，第一、第二、第三产业对地区生产总值的贡献率如图2–4所示。

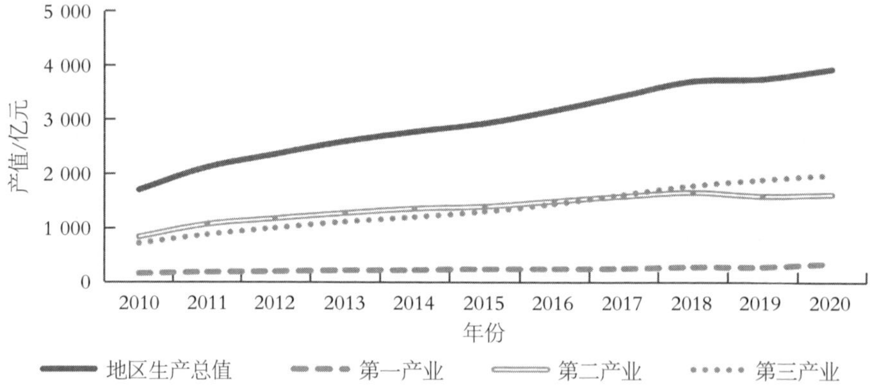

图2–3　2010—2020年宁夏第一、第二、第三产业与地区生产总值增长图

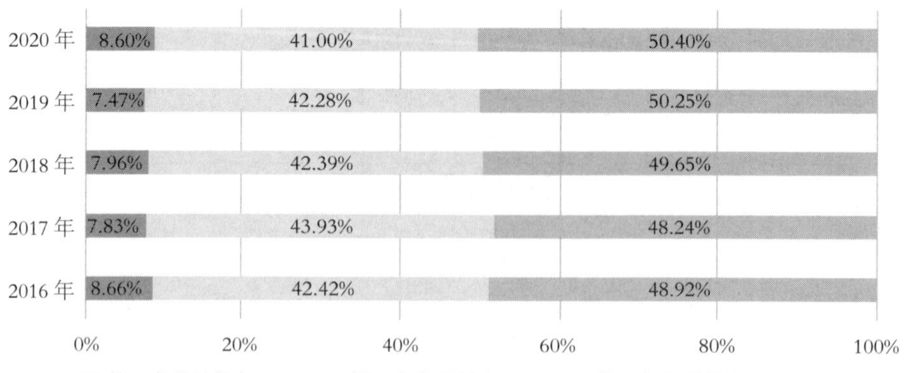

图2–4　2016—2020年宁夏第一、第二、第三产业对地区生产总值的贡献率

（二）宁夏农业产业的结构与规模

1. 农林牧渔业经济结构

分析宁夏 2017—2019 年农林牧渔业及其服务业产值，可知农业产值约占农林牧渔业总产值的 60%，2019 年有所下降，占 56.6%；林业产值不足 2%；牧业产值增长，达 33.8%，农林牧渔专业及辅助性活动产值不足 5%，如图 2-5 所示。2020 年，全区主要农林牧渔业产品产量及其增长速度如表2-2 所示。

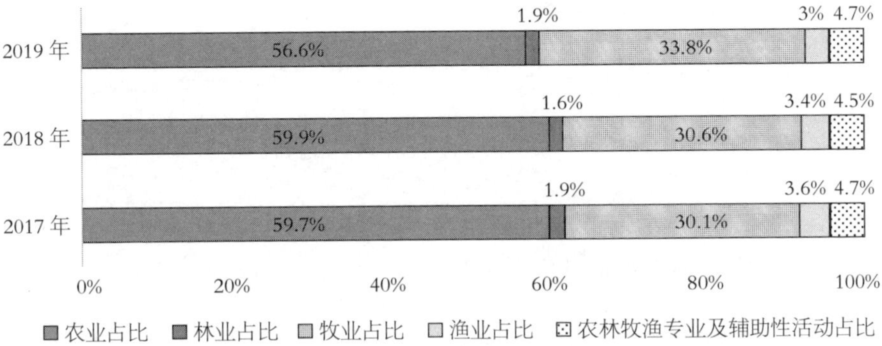

图 2-5　农林牧渔业经济结构

表 2-2　2020 年全区主要农林牧渔业产品产量及其增长速度

种类	产量/万 t	较上年增长/%
粮食	380.50	2.0
蔬菜	568.61	0.5
瓜果	157.18	−4.7
枸杞	9.80	−4.0
肉类	33.77	0.7
其中：猪肉、牛肉、羊肉	30.54	2.9
禽蛋	13.86	0
牛奶	215.34	17.4
水产品	16.20	2.5

2. 种植业的结构与规模

2020 年，宁夏农作物播种面积 116.4 万 hm²，其中，粮食作物播种面积 116.4 万 hm²，农作物播种面积和粮食作物播种面积分别比上年增加 1.1万 hm² 和 4.18 万 hm²，增长 1%和4%（图 2-6）；粮食总产量 380.5 万 t，人均粮食占有量 528.3 kg，比全国平均水平高 13.3%；瓜菜产量 725.79 万t，形成设施蔬菜、露地冷凉蔬菜、西甜瓜三大产业格局。

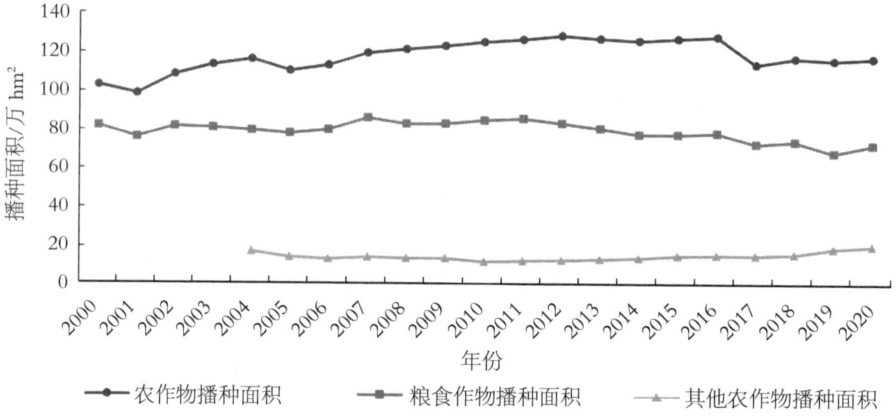

图 2-6　2000—2020 年宁夏农作物、粮食作物及其他农作物播种面积趋势

注：数据来源于 2001—2021 年《宁夏统计年鉴》。

2019 年，宁夏农作物总播种面积 115.3 万 hm²，在引黄灌区及其以外地区的播种面积分别为 47.7 万 hm² 和 67.6 万 hm²，占比分别为 41.4%和 58.6%。主要农作物的比重如图 2-7 所示，其中，引黄灌区种植面积（由大到小）较大且占比较大的作物分别是玉米（13.6 万 hm²，占 45.5%）、蔬菜（8 万 hm²，占 59.4%）、稻谷（6.8 万 hm²，占 100%）、瓜果（5.9 万 hm²，占 89.9%）；引黄灌区以外地区种植面积（由大到小）较大且占比较大的作物分别是玉米（16.3 万 hm²，占 54.5%）、其他作物（12.9 万hm²，占 70.4%）、薯类（9.3 万 hm²，占 100%）、青饲料（7.4 万 hm²，占63.8%）和小麦（7万 hm²，占 65.5%）。

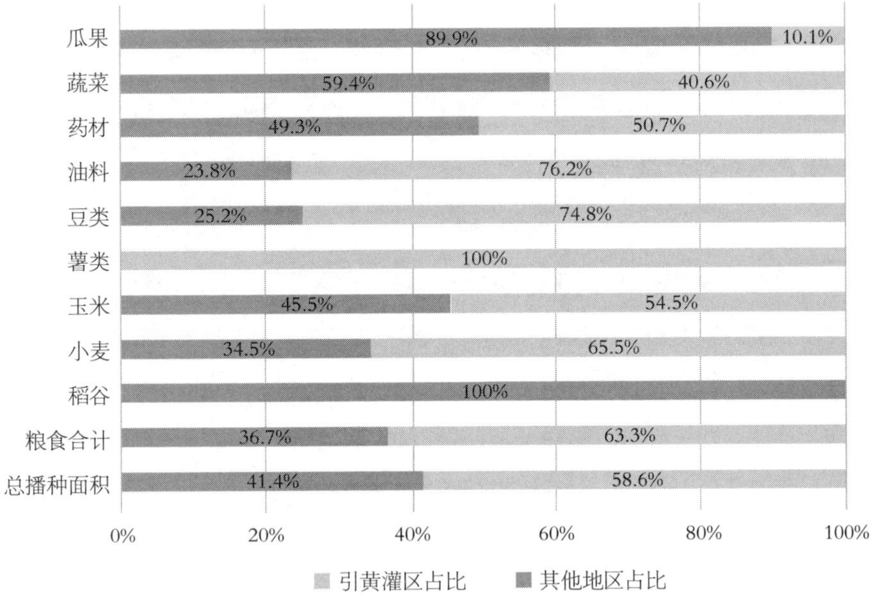

图 2-7　2019 年宁夏主要农作物在引黄灌区及其他地区的种植比重

3. 养殖业的结构与规模

2020 年，宁夏肉类总产量 33.8 万 t，人均肉类占有量 47 kg；其中，牛肉总产量 11.5 万 t，人均牛肉占有量是全国平均水平的 3 倍，羊肉总产量10.4 万 t。生鲜乳总产量 215.3 万 t，人均生鲜乳占有量居全国第一位。渔业面积近 3.33 万 hm^2，水产品总产量 16.2 万 t。

2019 年，宁夏肉类总产量 33.53 万 t，其中产自引黄灌区及其以外地区的数量分别为 17.57 万 t 和 15.96 万 t，占比分别为 52.4%和 47.6%。主要畜禽产品的比重如图 2-8 所示，其中，引黄灌区生产量（由高到低）较大且占比较大的畜禽产品是牛奶（180.67 万 t，占 98.5%）、禽蛋（11.18 万 t，占80.7%）、猪肉（5.57 万 t，占 71.2%）；引黄灌区以外地区的生产量（由高到低）较大且占比较大的畜禽产品是牛肉（6.38 万 t，占 55.7%）、羊肉（6.34 万 t，占 60.9%）。

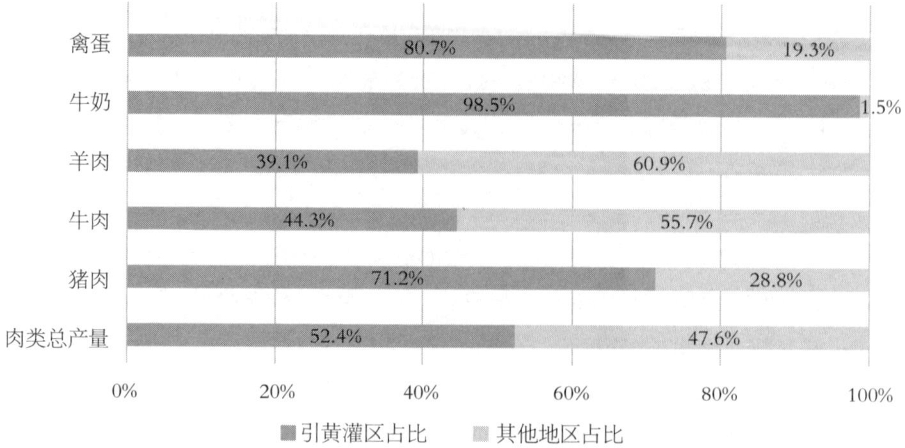

图 2-8　2019 年宁夏主要畜禽产品在引黄灌区及其他地区的产量比重

四、宁夏各产业优势分析

（一）宁夏各产业优势度分析

依据农业经济规律及产业优势理论，以区位熵、集中系数和产值规模 3 项指标，分析 2015—2019 年宁夏第一、第二、第三产业各行业优势度，结果如表 2-3 所示（深色部分为高优势度产业）。结果表明，在第一产业中，相对于林业，农业与牧业显现出优势。在第二产业的 28 个行业中，有近一半的行业与农业农村产业有直接关系，其中的食品制造业，酒、饮料和精制茶制造业，农副食品加工业，皮革、毛皮、羽毛及其制品和制鞋业，木材加工和木、竹、藤、棕、草制品业，废弃资源综合利用业，造纸和纸制品业，水的生产和供应业等，与第一产业密切关联。2015—2019 年宁夏 45 类产业的综合评价值表明（表 2-4），食品制造业、废弃资源综合利用业、农业、牧业、水的生产和供应业位居前 15 位；酒、饮料和精制茶制造业位居第 18位；农副食品加工业位居第 22 位，说明农业农村相关产业表现出较大优势。

表 2-3　2015—2019 年宁夏各产业区位熵、集中系数、产值规模

产业类别	区位熵	集中系数	产值规模
第一产业：			
农业	1.419	1.102	0.101
林业	0.551	0.428	0.003
牧业	1.422	1.105	0.051
第二产业：			
煤炭开采和洗选业	7.536	5.855	0.494
非金属矿采选业	0.550	0.428	0.002
农副食品加工业	0.947	0.736	0.037
食品制造业	3.123	2.427	0.059
酒、饮料和精制茶制造业	1.161	0.902	0.024
纺织业	4.854	3.773	0.137
纺织服装、服饰业	0.272	0.211	0.004
皮革、毛皮、羽毛及其制品和制鞋业	0.324	0.252	0.003
木材加工和木、竹、藤、棕、草制品业	0.137	0.106	0.001
造纸和纸制品业	0.768	0.597	0.013
印刷和记录媒介复制业	0.746	0.580	0.005
石油、煤炭及其他燃料加工业	7.591	5.903	0.266
化学原料和化学制品制造业	2.922	2.271	0.266
医药制造业	1.103	0.857	0.040
橡胶和塑料制品业	0.492	0.382	0.013
非金属矿物制品业	1.253	0.974	0.078
黑色金属冶炼和压延加工业	5.607	4.362	0.401
有色金属冶炼和压延加工业	2.733	2.119	0.142
金属制品业	0.858	0.668	0.028
通用设备制造业	0.561	0.436	0.030

续表

产业类别	区位熵	集中系数	产值规模
专用设备制造业	0.545	0.424	0.026
汽车制造业	0.020	0.015	0.002
电气机械和器材制造业	0.398	0.309	0.031
仪器仪表制造业	0.776	0.603	0.009
废弃资源综合利用业	1.683	1.311	0.005
电力、热力生产和供应业	4.268	3.317	0.735
燃气生产和供应业	5.655	4.393	0.066
水的生产和供应业	1.437	1.117	0.023
第三产业：			
批发和零售业	0.559	0.435	0.055
交通运输、仓储和邮政业	1.323	1.027	0.058
信息传输、软件和信息技术服务业	0.934	0.728	0.028
住宿和餐饮业	0.818	0.635	0.015
金融业	1.055	0.820	0.083
房地产业	0.594	0.462	0.040
租赁和商务服务业	0.408	0.318	0.013
科学研究和技术服务业	0.645	0.502	0.014
水利、环境和公共设施管理业	0.925	0.720	0.005
居民服务、修理和其他服务业	0.541	0.421	0.009
教育	1.159	0.903	0.043
卫生和社会工作	0.973	0.758	0.022
文化、体育和娱乐业	0.599	0.466	0.005
公共管理、社会保障和社会组织	2.014	1.568	0.095

注：灰色表示相应数据与历史数据相比表现正增长。

表 2-4　2015—2019 年宁夏各产业综合评价值

排序	产业类别	综合评价值	排序	产业类别	综合评价值
1	煤炭开采和洗选业	4.629	24	水利、环境和公共设施管理业	0.550
2	石油、煤炭及其他燃料加工业	4.587	25	金属制品业	0.518
3	黑色金属冶炼和压延加工业	3.457	26	住宿和餐饮业	0.489
4	燃气生产和供应业	3.371	27	仪器仪表制造业	0.463
5	纺织业	2.922	28	造纸和纸制品业	0.460
6	电力、热力生产和供应业	2.773	29	印刷和记录媒介复制业	0.444
7	食品制造业	1.870	30	科学研究和技术服务业	0.387
8	化学原料和化学制品制造业	1.820	31	房地产业	0.365
9	有色金属冶炼和压延加工业	1.665	32	文化、体育和娱乐业	0.356
10	公共管理、社会保障和社会组织	1.225	33	批发和零售业	0.349
11	废弃资源综合利用业	1.000	34	通用设备制造业	0.342
12	农业	0.874	35	专用设备制造业	0.332
13	牧业	0.860	36	林业	0.328
14	水的生产和供应业	0.859	37	非金属矿采选业	0.327
15	交通运输、仓储和邮政业	0.803	38	居民服务、修理和其他服务业	0.324
16	非金属矿物制品业	0.768	39	橡胶和塑料制品业	0.296
17	教育	0.701	40	租赁和商务服务业	0.247
18	酒、饮料和精制茶制造业	0.696	41	电气机械和器材制造业	0.246
19	医药制造业	0.667	42	皮革、毛皮、羽毛及其制品和制鞋业	0.193
20	金融业	0.653	43	纺织服装、服饰业	0.162
21	卫生和社会工作	0.584	44	木材加工和木、竹、藤、棕、草制品业	0.082
22	农副食品加工业	0.573	45	汽车制造业	0.012
23	信息传输、软件和信息技术服务业	0.563			

（二）宁夏各产业优势度变化

比较宁夏45类产业优势度的历史变化可得出，“十三五”以来，农副食品加工业、住宿和餐饮业、水的生产和供应业，酒、饮料和精制茶制造业的优势度显著提高，排名分别上升了11个、8个、6个、7个位次；废弃资源综合利用业从无到有，显现出增长优势；黑色金属冶炼和压延加工业、纺织业增长突出，排名分别上升了19个、11个位次；印刷和记录媒介复制业、住宿和餐饮业、批发和零售业，排名分别上升了9个、8个、6个位次；食品制造业、农业和林业分别下降了1个、3个、15个位次，详见表2–5。

表2–5　2015—2019年宁夏主要产业综合评价值与历史数据比较

排序	产业类别	综合评价值	提升位次	排序	产业类别	综合评价值	提升位次
3	黑色金属冶炼和压延加工业	3.457	19	7	食品制造业	1.870	−1
19	医药制造业	0.667	12	25	金属制品业	0.518	−1
5	纺织业	2.922	11	35	专用设备制造业	0.332	−1
22	农副食品加工业	0.573	11	41	电气机械和器材制造业	0.246	−1
11	废弃资源综合利用业	1.000		21	卫生和社会工作	0.584	−2
29	印刷和记录媒介复制业	0.444	9	30	科学研究和技术服务业	0.387	−2
16	非金属矿物制品业	0.768	8	12	农业	0.874	−3
26	住宿和餐饮业	0.489	8	6	电力、热力生产和供应业	2.773	−4
27	仪器仪表制造业	0.463	8	9	有色金属冶炼和压延加工业	1.665	−5
37	非金属矿采选业	0.327	8	31	房地产业	0.365	−5
18	酒、饮料和精制茶制造业	0.696	7	32	文化、体育和娱乐业	0.356	−5
14	水的生产和供应业	0.859	6	28	造纸和纸制品业	0.460	−7
33	批发和零售业	0.349	6	39	橡胶和塑料制品业	0.296	−7

续表

排序	产业类别	综合评价值	提升位次	排序	产业类别	综合评价值	提升位次
8	化学原料和化学制品制造业	1.820	5	20	金融业	0.653	−8
4	燃气生产和供应业	3.371	4	40	租赁和商务服务业	0.247	−9
43	纺织服装、服饰业	0.162	3	15	交通运输、仓储和邮政业	0.803	−10
34	通用设备制造业	0.342	2	24	水利、环境和公共设施管理业	0.550	−13
2	石油、煤炭及其他燃料加工业	4.587	1	36	林业	0.328	−15
13	牧业	0.860	1	23	信息传输、软件和信息技术服务业	0.563	−16

（三）农业产业优势区域——新型经营主体视角

在乡村产业中，农业产业化龙头企业的分布体现着各县（市、区）特色产业的优势与现代化水平。2018 年，各县（市、区）五大特色优势产业龙头企业分布如图 2-9 所示。农业产业化龙头企业数量排名前 3 位的县（市、区），由高到低分别是：粮食产业——贺兰县、利通区和灵武市；草畜产业——利通区、西夏区、惠农区与贺兰县；瓜菜产业——永

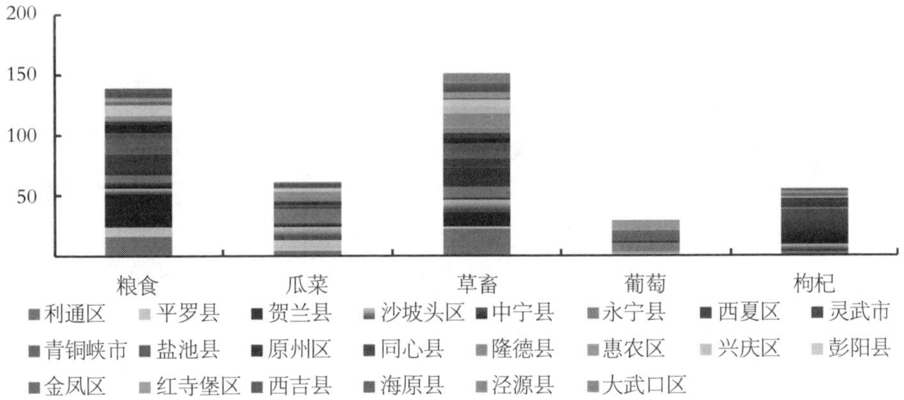

图 2-9　2018 年宁夏五大特色优势产业龙头企业分布

注：数据来源于专项统计数据。

宁县、沙坡头区和平罗县；枸杞产业——中宁县、沙坡头区和西夏区；葡萄产业——永宁县、青铜峡市和红寺堡区。

（四）引黄灌区 13 个县（市、区）产业优势与分布

引黄灌区得益于黄河水的浇灌形成了得天独厚的产业经济优势与社会资源优势，各县（市、区）的产业优势及各产业的构成如表 2-6、表2-7 所示。

表 2-6　引黄灌区 13 个县（市、区）的产业优势和资源

县（市、区）	产业优势和资源
沙坡头区	具有环境美、产业兴、开放型的特点。全国民族团结进步示范区、国家全域旅游示范区、国家卫生城市、国家园林城市、国家现代农业示范区、全国农业机械化示范区、全国农村一二三产业融合发展先导区。镇罗镇为全国农业产业强镇，彩达村为自治区优质苹果示范基地，北长滩村为全国乡村旅游重点村。国家新型互联网交换中心地
中宁县	中国枸杞之乡、全国十佳最具投资竞争力县（市）、国家级农村产业融合发展试点示范县、国家基本公共体育服务体系示范县、全国双拥模范县、国家生态文明建设示范县、全国法治县（市、区）创建活动先进单位、国家外贸转型升级基地（枸杞制品）等。有“中宁枸杞”“瀛海水泥”“早康枸杞”“天元锰业”等驰名商标。全国率先基本实现主要农作物生产全程机械化示范县。中宁国际枸杞交易中心是全国最大的枸杞交易市场。“中宁枸杞”2017 年获农业农村部地理标志证明商标，品牌价值 190.32 亿元，荣获 2020 世界地理标志产业博览会银奖
青铜峡市	黄河穿境 58 km，有秦渠、汉渠、唐徕渠等九大古干渠，有“九渠之首”“贡米之乡”“葡萄之都”“塞上明珠”之誉。有矿产资源、电力资源、水利资源和土地资源等优势。农业主抓“两优一特”，形成优质大米、酿酒葡萄、畜牧养殖等优势特色产业，获青铜峡大米地理标志
利通区	全国民族团结进步示范区、国家现代农业示范区、黄金奶源基地、中国新兴纺织产业基地，入选全国消费品工业“三品”战略示范城市。国家农产品质量安全县、全国休闲农业与乡村旅游示范县、全国农村人居环境整治激励县、首批全国乡村治理体系建设试点县（区）等。农村卫生厕所普及率 90.5%，为全国村庄清洁行动先进县。生活垃圾无害化处理率 100%，为全国农村生活垃圾分类和资源化利用示范县。2020 中国乡村振兴百佳示范县市

续表

地区	产业优势和资源
灵武市	煤炭、天然气、石油等资源丰富，煤炭储量 273 亿 t，为东北三省储量之和。国家 13 个亿吨级煤炭生产基地之一、国家城市矿产示范基地、国家优质粮食生产加工基地、国家优质果品（灵武长枣）基地、国家羊肉生产加工基地、国际精品羊绒生产加工基地。梧桐树乡为全国农业产业强镇，昊王大米、金双禾大米和上滩韭菜入选首批全国名特优新农产品名录，兴唐大米蝉联“中国十大好吃米饭”，沙坝头西瓜、莎妃蜜瓜、灵武长枣远销海内外
永宁县	国家卫生县城、国家级健康促进县、国家园林县城。闽宁镇入选“决胜 2020”全国脱贫攻坚展，获全国脱贫攻坚组织创新奖、全国社会扶贫先进集体、全国乡村治理示范乡镇等荣誉。政权村被评为第六届全国文明村镇，原隆村入选首批全国乡村旅游重点村
金凤区	“六纵十二横”路网，12 km 典农河，阅海、宝湖、七子连湖等湖泊湿地，成就“塞上湖城”休闲旅游带。自治区党委、人大、银川市四大机关及 40 多家厅局驻区办公，有宁夏大剧院、宁夏科技馆、宁夏图书馆、宁夏博物馆、宁夏档案馆等，现代服务业、房地产业、休闲观光旅游业发展快。全国休闲农业与乡村旅游示范县、全国义务教育发展基本均衡区、全国法治县（市、区）创建活动先进单位等
西夏区	农村第三批全国农村创业创新典型县、全国村庄清洁行动先进县、全国农村人居环境整治激励县，全国双拥模范城“九连冠”。中国贺兰砚之乡、中华诗词之乡。首批国家全域旅游示范区，连续三年蝉联“中国最美县域”
兴庆区	宁夏科技、文化、教育、经济、金融和商贸物流中心。地区生产总值、第三产业增加值、社会消费品零售总额和农村居民人均可支配收入绝对值稳居自治区 22 个县（市、区）第一
贺兰县	全国民族团结进步示范县、全国双拥模范县、全国农业农村信息化示范基地、国家现代农业产业园、全国电子商务进农村综合示范县、全国群众体育先进单位、全国营商环境百强县、中国西部百强县、中国最具区域带动力中小城市百强县、全国县域经济科学发展先进县、全国文化先进县、国家园林县城、 全国平安建设先进县， 蝉联五届国家卫生城市。新平村被评为中国美丽休闲乡村、隆源村被评为全国乡村治理示范村
平罗县	国家全域旅游示范区、国土资源节约集约模范县、国家级健康促进县、中国好粮油示范县、全国民族团结进步示范县、国家园林县城等。“平罗种子”获评首批国家区域性蔬菜良种繁育基地。平罗工业园区被认定为国家产业转型升级示范园区。第三产业对经济增长的贡献率达到 51.2%。农业中特色优势产业占比 90%。创建“珍硒石嘴山”区域公用品牌，“黄渠桥羊羔肉”“富硒大米”“沙漠瓜菜”等品牌

续表

地区	产业优势和资源
惠农区	规模化养殖场粪污处理设备配套率 97.5%，农膜回收率超过 90%，绿化覆盖率 29.36%。东永固村、马家湾村、惠民社区入选“千村万寨展新颜”活动，银河村入选全国乡村治理示范候选村。有研发投入的规模以上企业占比达 40.7%，R&D（research and development）投入年均增长 38.7%。燕子墩乡“枸杞富硒水果”获“中国富硒好水果”称号。奶牛单体牧场均实行全程智能化管理。三次产业比重优化为 4.4 : 52 : 43.6。全国最大的脱水菜生产销售基地
大武口区	地处中国地理几何中心附近，承东启西，是国家能源战备金三角、丝绸之路经济带、呼包银榆经济区和宁夏沿黄经济区重要节点，区位优势明显。全国文明城市、全国民族团结进步示范区、全国“绿水青山就是金山银山”实践创新基地、国家双创示范基地（融通创新方向）。石嘴山高新技术产业开发区被评为国家级绿色工业园区

表 2-7　引黄灌区 13 个县（市、区）的产业构成

地区	第一产业		第二、第三产业	
	主导产业	其他产业	农产品加工业	其他产业
沙坡头区	瓜菜	枸杞、肉牛、苹果	苹果冷藏、肉品加工、枸杞深加工、蔬菜和乳品加工	冶金、钢铁、新能源、云计算与大数据、旅游
中宁县	枸杞、草畜	粮食、生猪、红枣、苹果	枸杞深加工，粮油、乳品加工，金丝小枣、苹果保鲜加工等	铝材加工、新能源
青铜峡市	酿酒葡萄、粮食、奶牛	种业、生猪	葡萄酒，粮食、乳品、制种加工等	冶金、化工、电力、建材和装备制造、清洁能源、旅游
利通区	奶牛、瓜菜	粮食、牛羊肉、经果林	乳品精深加工、牛羊肉加工、粮食和食品加工	纺织、特色装备制造、休闲农业
灵武市	粮食、长枣	奶牛、滩羊、经果林	粮食、乳品、饲料、畜牧养殖相关产品加工	清洁能源、煤化工、羊绒生产加工、再生资源、旅游

续表

地区	第一产业		第二、第三产业	
	主导产业	其他产业	农产品加工业	其他产业
永宁县	酿酒葡萄、粮食	肉牛、瓜菜、畜禽	葡萄酒、肉牛养殖相关产品加工、绿色食品加工	生物发酵、生物制药、装备制造、装饰材料、新材料、电子信息、清洁能源
金凤区	瓜菜、奶牛	枸杞、肉牛	绿色食品加工、枸杞加工、葡萄酒	电子信息、新材料、清洁能源、商贸物流
西夏区	酿酒葡萄、枸杞	奶牛、肉牛	葡萄酒，粮食、枸杞、乳品加工	新材料和新能源、石油、轴承、铸钢、水泥、旅游等
兴庆区	奶牛、花卉	酿酒葡萄、水产、经果林	粮食、乳品、食品加工	商贸物流、清洁能源、汽车销售、休闲农业
贺兰县	粮食、设施蔬菜、畜禽、水产	花卉、制种、奶业	粮食、乳品、饲料、食品加工	纺织、机械电气、家具制造、装饰材料、生物制药、装备制造
平罗县	粮食、种业、瓜菜	奶牛、水产、草畜	乳品、粮食、脱水蔬菜、食品、牛羊肉、制种加工	新材料、装备制造、旅游
惠农区	奶牛、枸杞、瓜菜	粮食	枸杞深加工、玫瑰精油提取、脱水蔬菜加工	冶金、电石化工、新材料、香精香料、冶金、钢铁
大武口区	瓜菜、园艺	水产	葡萄酒、水产加工等	太西煤、硅石、黏土、白云岩、白云母、石灰石、铁矿石、休闲农业

第三章　乡村产业分析——引黄灌区视角

宁夏北部的引黄灌区，土壤肥沃、灌溉便利、产业基础较好。独特的水土光热组合、多样性的气候生态类型、丰富的生物资源和洁净无污染的环境，为发展特色农业提供了优越的资源条件，为全区粮食安全保障做出了重要贡献。2019 年，引黄灌区所辖 13 个县（区、市）的人口约占全区的 66%，耕地约占全区的 34%，地区生产总值占全区的 82%，其中，第一产业、第二产业和第三产业的产值分别占全区的 65%、88%和 81%。因此，引黄灌区乡村产业振兴对宁夏农业农村现代化具有重大意义。

引黄灌区传统的优势产业包括优质粳稻、小麦、玉米、设施和露地瓜菜、道地枸杞、畜禽养殖、淡水养殖等。随着国内外市场环境的变化、科学技术的不断发展，当地加快调整优化产业结构，促进传统农业产业向现代农业产业转变。因地制宜，利用贺兰山东麓独特小气候，发展优质酿酒葡萄与葡萄酒产业，已发展成为自治区重要特色优势产业。奶牛产业凭借黄金奶源地的优势迅猛发展，同步发展的还有肉羊与肉牛产业等。

一、种植业

（一）规模与结构

近年来，为平衡市场供需，各级政府实施宏观调控政策，促进农业供给侧结构性改革。按照比较优势和比较效益原则，引黄灌区乡村产业结构与布局进一步优化调整，发挥黄金奶源地的优势，在确保粮食安全供给的同时，加快发展奶牛产业，配套种植饲料作物，注重产业高质高效。目前，引黄灌区已形成“粮+经+饲”三元种植结构，适度调增饲料作物及经济作物种植面积，推进农牧协调、生态循环发展，促进一二三产业融合发展，以提高农民收入水平。从农作物播种面积来看，引黄灌区以种植经济作物和饲料作物为主，粮食作物播种面积占全区粮食作物播种面积的 37%，占引黄灌区农作物播种面积的 49%。引黄灌区种植业规模（播种面积）与结构（占全区播种面积的百分比）见图 3–1，各市（县、区）种植业分布见表 3–1。

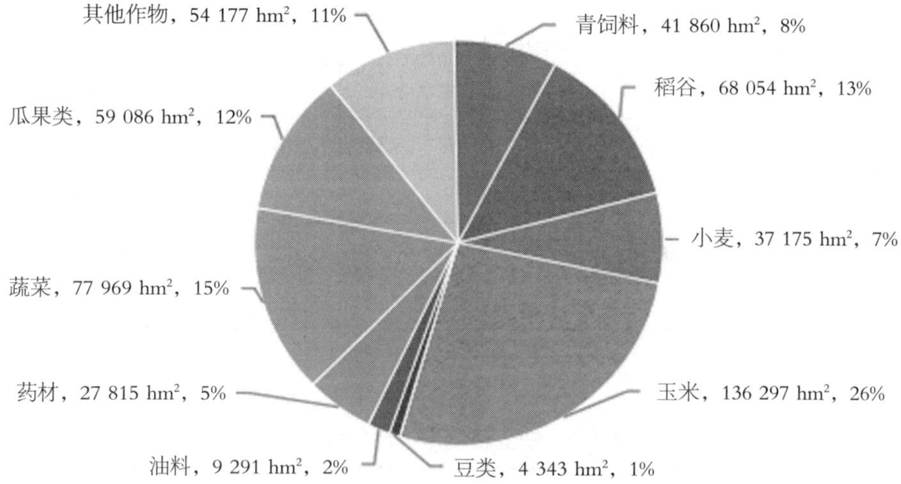

图 3–1　引黄灌区种植业规模与结构

（二）优势

从全国范围看，宁夏粮食作物中，玉米和薯类具有规模优势，水稻和玉米具有效率优势，玉米和薯类具有综合优势（表 3–2、表 3–3、表 3–4）。虽然宁夏口粮作物种植不具优势，尤其是小麦既不具有规模优势，也不具

表 3-1　2019 年引黄灌区各市（县、区）主要农作物播种面积

单位：hm²

地区	粮食播种面积				其他经济作物播种面积				
	粮食合计	稻谷	小麦	玉米	药材	蔬菜	瓜果类	其他作物	青饲料
全区总计	677 369	68 054	107 773	299 777	56 467	131 189	65 737	182 935	115 530
银川市	17 153	7 000	1 953	8 200	4 086	5 364	786	3 777	2 116
永宁县	26 297	5 733	6 067	14 067	670	14 452	207	1 896	1 766
贺兰县	20 720	10 627	5 493	4 600	270	14 962	690	8 301	7 773
灵武市	16 887	8 033	547	7 973	1 436	2 252	506	2 835	2 417
大武口区	2 726	346	1 074	1 306	89	404	30	269	269
惠农区	13 425	574	3 400	9 331	764	3 102	98	4 099	2 711
平罗县	54 651	16 963	12 318	23 570	5 431	7 901	702	2 547	1 056
利通区	16 004	4 600	937	10 007	649	5055	598	13 308	9 644
青铜峡市	29 203	8 733	2 760	17 467	133	11 486	2 262	10 514	8 267
沙坡头区	17 295	3 400	987	12 200	6 006	8 856	31 739	3 710	3 392
中宁县	34 234	2 045	1 639	27 576	8 281	4 135	21 468	2 921	2 449
灌区合计	248 595	68 054	37 175	136 297	27 815	77 969	59 086	54 177	41 860

注：数据来自《宁夏统计年鉴 2020》。

表 3-2　宁夏粮食作物综合优势指数

年份	水稻	小麦	玉米	薯类	豆类
2014	0.68	0.70	1.18	1.53	0.52
2015	0.68	0.70	1.18	1.48	0.56
2016	0.72	0.68	1.16	1.43	0.47
2017	0.73	0.68	1.16	1.43	0.39
2018	0.69	0.69	1.18	1.39	0.47
2019	0.63	0.63	1.16	1.44	0.40

注：数据根据 2015—2020 年《宁夏统计年鉴》相关数据计算，表 3-3、表 3-4 同。

表 3-3　宁夏粮食作物规模优势指数

年份	水稻	小麦	玉米	薯类	豆类
2014	0.37	0.76	0.98	3.45	0.46
2015	0.36	0.73	0.99	3.44	0.46
2016	0.36	0.76	1.00	3.48	0.43
2017	0.39	0.74	1.06	2.43	0.27
2018	0.37	0.75	1.05	2.18	0.32
2019	0.33	0.65	1.05	1.87	0.22

表 3-4　宁夏粮食作物效率优势指数

年份	水稻	小麦	玉米	薯类	豆类
2014	1.24	0.65	1.42	0.68	0.60
2015	1.30	0.66	1.40	0.64	0.68
2016	1.43	0.61	1.35	0.58	0.51
2017	1.36	0.62	1.27	0.84	0.56
2018	1.29	0.64	1.32	0.88	0.70
2019	1.21	0.60	1.28	1.11	0.73

有效率优势，但作为轮作倒茬的夏粮作物，具有生育期短、耗水量小等优点，且小麦粉受到本地人民喜爱；饲料玉米既有规模优势，又有效率优势，综合优势明显，因此，在引黄灌区、南部山区及中部干旱带布局占比均在三分之一以上。

（三）质量与效益

1. 宁夏粳稻质量在全国处前位

宁夏粳稻出糙率、等级比例等指标均好于东北和安徽粳稻，可与江苏粳稻媲美，见表 3-5。

表 3-5　全国粳稻主产省区收获质量比较

区域	年份	出糙率/%	等级比例/%					不完善粒率/%	整精米率/%
			>中等	一等	二等	三等	四等		
宁夏	2009	80.7	95.0	61.0	27.0	7.0	2.0	2.1	61.6
	2010	81.0	99.0	94.0	5.0	—	—	60.1	
	2011	81.3	100.0	70.0	24.0	6.0	0	1.8	63.7
	2020	81.7	99.7	75.7	20.7	3.3	0	0.6	64.0
辽宁	2009	79.6	92.0	28.0	41.0	23.0	5.0	2.5	68.8
	2010	79.9	92.0	36.0	38.0	18.0	6.0	—	68.7
	2011	80.3	93.0	46.0	30.0	17.0	6.0	3.3	68.6
	2020	80.2	97.1	37.8	43.9	14.5	2.5	3.9	66.9
吉林	2009	78.6	68.0	21.0	27.0	20.0	25.0	11.3	66.8
	2010	79.5	87.0	32.0	42.0	13.0	2.0	—	68.7
	2011	80.7	99.0	40.0	47.0	12.0	1.0	3.6	63.8
	2020	79.3	93.7	25.7	42.4	25.6	4.9	3.3	63.5
黑龙江	2009	77.3	68.0	1.0	23.0	44.0	19.0	6.0	59.4
	2010	80.6	97.0	46.0	42.0	9.0	2.0	—	67.8
	2011	80.2	96.0	36.0	46.0	14.0	4.0	1.3	66.7
	2020	78.9	88.9	5.1	46.3	37.5	8.9	5.4	61.8
江苏	2009	83.1	100.0	88.0	10.0	2.0	0	3.6	75.6
	2010	80.6	91.0	47.0	31.0	13.0	5.0	6.7	70.9
	2011	82.7	97.0	83.0	11.0	3.0	2.0	5.1	76.5
	2020	82.7	99.5	89.8	9.0	0.7	0.5	0.8	71.7
安徽	2009	82.5	100.0	89.0	5.0	6.0	0	4.1	74.2
	2010	79.5	98.0	16.0	37.0	45.0	2.0	9.2	64.4
	2011	80.7	100.0	62.0	19.0	19.0	0	6.9	66.0
	2020	79.9	87.6	45.7	25.3	16.4	6.5	4.7	63.0

注：数据来源于《我国 2009—2011 年粳稻收获质量状况》《2020 年 6 个粳稻主产省份新收获粳稻质量安全监测报告》。

2020 年宁夏新收获水稻直链淀粉含量平均值为 18.8%，达优质稻谷三级以上比例为 91.0%；垩白度平均值为 3.8%，达优质稻谷三级以上比例为 77.7%；直链淀粉与垩白度均达到优质稻谷三级以上的比例为 79%，宁夏水稻质量在全国处前位。

2. 宁夏玉米质量稳中向好发展

宁夏玉米等级比例与质量指标一直高于其他省区同类指标，且 2019 年收获玉米质量等级高于 2016 年，品质进一步提高，见表 3–6。

表 3–6 2019 年新收获玉米质量状况

省区	一等比例/%	二等比例/%	三等比例/%	四等比例/%	平均容重/($g \cdot L^{-1}$)	不完善粒率平均值/%
宁夏 2016	91.9	7.6	0.5	0	747.0	3.7
宁夏 2019	94.5	4.5	0.5	0.5	749.0	2.1
9 省平均	79.2	15.8	4.1	0.9	737.5	3.0
河北	86.6	10.7	2.4	0.3	748.0	2.1
黑龙江	49.9	33.0	11.9	5.2	717.0	2.1
陕西	64.5	29.0	6.0	0.5	727.0	2.4

注：数据来源于《2019 年新收获玉米整体质量不如上年》《我区 2019 年收获玉米容重高质量好》。

（四）加工与消费

1. 粮食消费结构

2019 年，宁夏城镇人口人均口粮消费 132.3 kg/年，农村人口人均口粮消费 215.2 kg/年，全体居民人均口粮消费 165.6 kg/年，共需 115 万 t，占粮食消费总量的 31%；工业用粮和饲料用粮分别为 115 万t 和 130 万 t（含部分稻麦），分别占粮食消费总量的 31%和 35%，见表 3–7。

表 3-7　宁夏粮食消费构成基本情况

单位：万 t

年份	消费总量	城镇人口口粮	农村人口口粮	工业用粮	种子用粮	饲料用粮
2016	374.5	48.6	79	155.4	10.6	80.9
2017	394.9	54.3	70.5	151.1	11.2	107.8
2018	382.2	60.5	58.2	130.5	13.9	119.1
2019	370	55	60	115	10	130
2020	415	55	60	125	10	165

注：数据由宁夏粮食和物资储备局提供，表 3-7、表 3-8、表 3-9 同。

2. 粮食供需平衡状况

2019 年，宁夏粮食产销基本平衡，全区玉米产量 230.5 万 t、消费 205 万 t，剩余 25.5 万 t，占消费量的 12.4%；小麦缺 30.4 万 t，占小麦消费量的 47%，见表3-8。

表 3-8　宁夏粮食产销余缺基本情况

单位：万 t

年份	粮食产量	其中			粮食消费量	其中			余缺量	其中		
		小麦	稻谷	玉米		小麦	稻谷	玉米		小麦	稻谷	玉米
2016	370.6	40.9	63.0	221.5	374.5	77.6	48.8	210.1	−3.9	−36.7	14.2	11.4
2017	368.2	40.9	63.9	214.9	394.9	77.9	46.0	225.9	−26.7	−37.0	17.9	−11.0
2018	392.6	41.6	66.6	234.6	382.2	74.2	41.4	222.3	10.4	−32.6	25.2	12.3
2019	373.2	34.6	55.1	230.5	370.0	65.0	50.0	205.0	3.2	−30.4	5.1	25.5
2020	380.5	27.8	49.4	249.1	415.0	70.0	45.0	235.0	−35.0	−42.2	4.4	14.1

3. 粮食加工企业低端产能过剩

2019 年，宁夏粮油加工企业共 174 家，其中大米加工企业产能相当于当年水稻产量的 4.14 倍；加工产量 44.9 万 t，相当于当年水稻产量的 81.5%。小麦粉加工企业产能相当于当年小麦产量的 4.31 倍；加工产量

25.8万 t，相当于当年小麦产量的 74.6%。其他粮食加工企业产能相当于当年产量的 1.07 倍；加工产量 194.5 万 t，相当于当年产量的 68.6%。粮食加工企业低端产能过剩，见表 3-9。

表 3-9　2019 年宁夏规模以上粮食加工企业情况

项目	企业数/个	产量/万 t	产能/万 t
宁夏总计	174	>265.2	>679.9
其中：小麦粉加工企业	35	25.8	149.1
大米加工企业	62	44.9	228.2
其他成品粮加工企业	6	0.6	12.9
食品及副食品酿造企业	9	1.8	5.2
饲料加工企业	17	51.4	97.7
粮食深加工企业	11	140.7	186.9

二、奶产业

（一）规模与布局

1. 奶产业规模快速扩大

“十三五”以来，全国奶产业发展相对稳定，宁夏增速最为突出。2020 年，宁夏奶牛存栏量 57.38 万头（居全国第 8 位），比 2019 年增加 13.68 万头，增幅 31.3%，新增存栏量相当于此前 9 年之和；牛奶产量 215.34 万 t（居全国第 7 位），同比增长 17.4%（表3-10、图 3-2）。人均生鲜乳占有量 311 kg（居全国第 1 位）；全区平均每月加工生鲜乳 13.76 万 t，奶业全产业链产值约470 亿元。2011 年以来，宁夏奶牛存栏量与牛奶产量持续增长，2020 年与 2010 年相比，分别增长了 1.1 倍和 1.6 倍（图 3-3）。2019 年，宁夏奶牛群体结构最优，规模效益显现，且泌乳奶牛生产效率最高，达 6.99 t/(头·年)　(图 3-4)。

表 3-10　2016 年与 2019 年全国各区域奶产业发展情况

区域	奶牛存栏量/万头			牛奶产量/万 t		
	2016 年	2019 年	增长/%	2016 年	2019 年	增长/%
全国	1 037.1	1 037.1	0	3 063.8	3 201.1	4.48
华北	287.5	286.0	−0.52	1 126.4	1 171.5	4.00
东北	161.9	150.0	−7.35	628.9	639.0	1.61
华东	130.3	132.0	1.30	377.8	391.2	3.55
华南	47.4	57.0	20.25	255.1	246.3	−3.45
西南	136.9	136.9	0	159.7	178.5	11.77
西北	273.1	275.2	0.77	515.9	574.6	11.39
陕西	25.9	27.4	5.79	111.6	107.8	−3.41
甘肃	27.1	31.0	14.39	40.3	44.1	9.43
青海	23.7	19.1	−19.41	31.7	34.9	10.23
宁夏	39.8	43.7	9.80	145.6	183.4	25.96
新疆	156.6	154	−1.66	186.7	204.4	9.48

注：数据来源于 2020 年中国奶业统计资料。

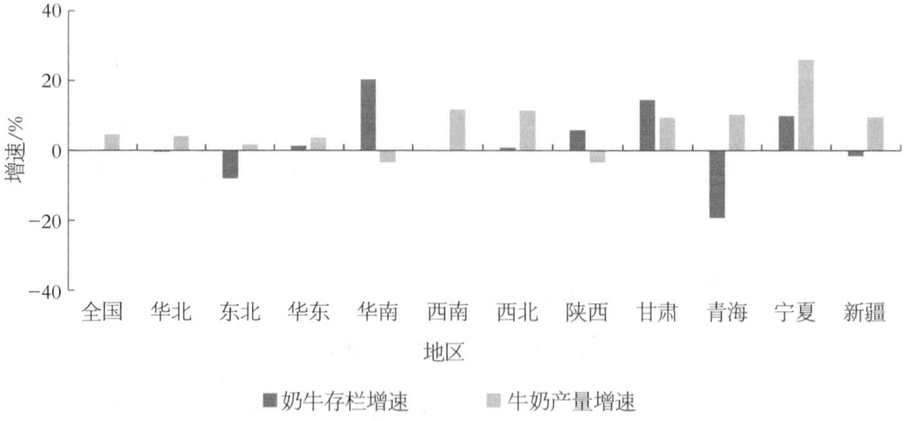

图 3-2　2019 年与 2016 年相比全国各区域奶产业增长情况

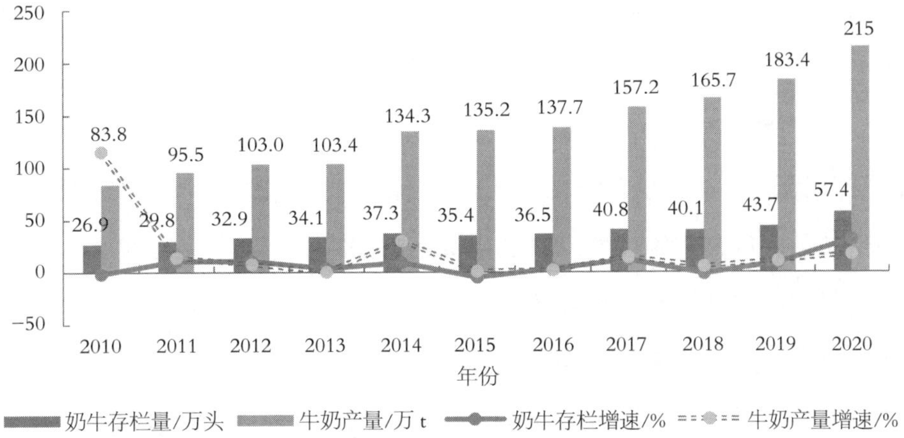

图 3–3　宁夏历年奶牛存栏量、牛奶产量及其增长情况

注：数据来源于 2011—2021 年《宁夏统计年鉴》、宁夏农业农村厅。

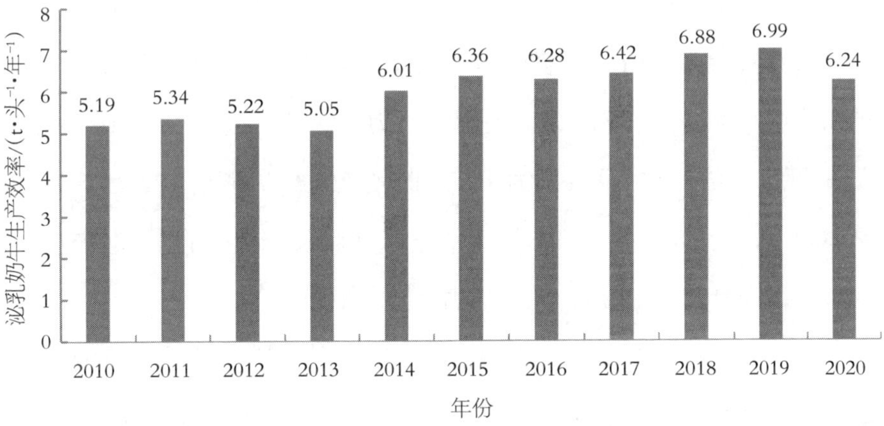

图 3–4　2010—2020 年宁夏单位泌乳奶牛生产效率

2. 奶产业规模化经营

近年来，宁夏持续推进奶产业区域化布局、规模化经营，已形成以吴忠市和银川市为核心、石嘴山市和中卫市为两翼的奶牛产业带，建成利通区五里坡、兴庆区月牙湖、吴忠市孙家滩和宁夏农垦贺兰山奶业有限公司等 6 个 2 万头以上的养殖基地，全区存栏百头以上标准化规模奶牛场 232个，占 98%以上；2020 年，规模化养殖场数量增加 30.6%，66%的规模

化养殖场奶牛存栏量超千头，成母牛头均年产奶量突破了 9 000 kg，比全国平均水平高 700 kg，居全国第 3 位。

（二）质量与效益

宁夏自然资源得天独厚，养殖条件优越，既无冷应激，又无热应激。奶牛品种优良，实施优质高产奶牛选育、奶牛生产性能测定项目，对使用优质性控冻精（胚胎）养殖场进行补贴，规模化养殖场性控冻精使用率达 100%，奶牛良种率达 100%。规模化养殖场实施“六统一”标准化管理（即统一编号、统一佩戴耳标、统一建档立卡、统一采购冻精、统一选育方案、统一智能化管理），采用全混合日粮饲喂，实现不同群别奶牛精准化饲喂，养殖技术与管理水平高。

优质饲草保障能力较强。2019 年全区人工饲草总面积 53.8 万 hm^2，其中，苜蓿留床面积 36.07 万 hm^2，青贮玉米 9.13 万 hm^2，一年生禾草 8.6 万 hm^2。全年饲草总产量 1 053 万 t，其中苜蓿 102 万 t、青贮玉米 542 万 t、一年生禾草 57 万 t、秸秆 230 万 t（饲用）、非常规饲料及杂草 122 万 t。外购饲草 50 万 t，饲草供给量 1 103 万 t，奶牛、肉牛、滩羊实际饲草需求量约 1 102 万 t，饲草余量 1 万 t，供给与需求基本平衡。

宁夏生鲜乳乳脂率 3.8%，乳蛋白率 3.2%，体细胞数低于 29 万个/mL，质量达欧盟标准，可满足高端奶产品的原料需求。宁夏奶牛养殖具有成本优势，原料奶具有价格优势，2016—2018 年间，每 50 kg 主产品成本低于全国平均水平 10%~15%，每 50 kg 主产品售价低于全国平均水平 10%~30%；2019 年，中规模奶牛养殖，每 50 kg 主产品成本低于全国平均水平 14%，每 50 kg 主产品售价低于全国平均水平 10%（表 3-11）。伊利、蒙牛、新希望、光明等知名企业入驻宁夏，2019 年，全区乳制品加工企业支付奶款 71.5 亿元，加工总产值 124 亿元，吸纳 1.3 万余人就业，并带动上游养殖业及其相关产业，包装、吸管、物流等下游相关产业的发展。

表 3-11　2016—2018 年宁夏与全国平均原料奶成本与售价

单位：元

项目		50 kg 主产品成本				50 kg 主产品售价			
		2016 年	2017 年	2018 年	2019 年	2016 年	2017 年	2018 年	2019 年
小规模奶牛养殖	宁夏	124.11	120.96	123.39	126.25	125.67	161.63	160.42	189.16
	全国平均	138.82	136.72	134.50	136.02	183.53	184.52	184.33	190.82
中规模奶牛养殖	宁夏	129.17	131.21	134.63	130.81	137.68	165.19	185.02	189.44
	全国平均	150.69	153.42	152.03	152.86	192.30	187.73	200.30	210.23

注：根据《全国农产品成本收益资料汇编》整理。

（三）加工与消费

1. 乳品加工多在区外

2020 年，全区鲜奶产量 215 万 t。全区共有 19 家乳品加工企业，伊利、蒙牛年加工生鲜乳量占全年产量的 86%，其中在宁夏本地分公司的加工量不到一半，其余被运往外地，用以加工高端乳制品；本土最大的乳品加工企业夏进年加工量仅占 9%，其他 16 家企业加工量占 5%，其中 6 家加工企业还处于季节性生产或停产状态。加工产品中，常温液态奶约占乳制品总量的77%，巴氏奶占 0.5%，婴幼儿配方奶粉、奶酪、乳清蛋白粉等附加值较高的精深加工产品占比较小。全区仅 1 家乳品加工企业具有婴幼儿配方奶粉生产经营资质，年生产婴幼儿配方奶粉不足 1 000 t，年销售额不足亿元。

2. 宁夏产的牛乳以区外消费为主

宁夏人均牛奶产量远高于全国平均水平及其他省区，居民家庭以及城镇居民家庭人均奶类消费量也高于全国平均水平，但低于西北地区的新疆、青海、陕西与甘肃（表 3-12），即宁夏产的牛奶绝大部分输出到区外为其他省区居民所消费，体现了宁夏奶产业对改善我国人民膳食结构的贡献。

表 3-12 2018 年人均牛奶产量及家庭人均奶类消费量

单位：kg

区域	人均牛奶产量	居民家庭人均奶类消费量	城镇居民家庭人均奶类消费量
全国平均	22.1	12.2	16.5
陕西	28.5	13.8	20.3
甘肃	15.4	13.6	24.2
青海	54.2	17.6	22.9
宁夏	245.7	13.5	18.0
新疆	79.0	19.9	30.2

（四）饲草供应与需求

1. 饲草需求

根据“十四五”宁夏畜牧业发展目标，到 2025 年，宁夏奶牛存栏将达到 100 万头，肉牛饲养量将达到 260 万头，滩羊饲养量将达到 1 750 万只，饲草总需求量将达到 2 340 万 t。2019 年，利通区自产青贮饲料 43.5 万 t、青干草 2.6 万 t，从盐池、同心等周边地区购进青贮饲料27.5万 t，从国外及甘肃、新疆、青海、内蒙古等外省区购进青干草约 14.4万 t。未来饲草的需求总量将在现有基础上增加近 40%。

2. 饲草价格

近年来，饲草需求量持续增加，价格逐渐增长。据调查，2019 年全株青贮玉米平均价灌区 550 元/t、山区 400 元/t，比华北地区高 60~150 元/t；苜蓿青贮 850~900 元/t，进口苜蓿干草 3 200~3 400 元/t，国产苜蓿干草 2 200~2 400 元/t，比周边省区高 100~200 元/t；燕麦草 1 700~1 850 元/t，比甘肃高 350~550 元/t；玉米秸秆 450~550 元/t，与内蒙古持平，比山东、甘肃高 100~200 元/t；稻草 650~750 元/t，比国内平均价高 70~100 元/t；麦草 800~1 000 元/t，比甘肃高 200 元/t。宁夏饲草价格高于周边省区，并且近两年涨幅明显。

3. 饲草企业

2020 年，宁夏有生产加工能力万吨以上饲草龙头企业 9 家，设计加工能力27.6 万 t，实际加工量 15.6 万 t，加工量不足设计加工能力的 60%。现有规模较大的草产品加工企业如宁夏农垦茂盛草业有限公司、彭阳县荣发农牧有限责任公司、宁夏荟峰农副产品有限公司，自有生产基地2 667 hm^2，年生产加工能力 15 万 t，实际生产 8 万 t，辐射带动周边合作社和农户生产4万 t。

三、水产业

（一）规模与布局

1. 宁夏水产业主要分布在引黄灌区

由表 3−13 可知，宁夏水产业主要分布在引黄灌区，2018 年，引黄灌区渔业产值占全区的 99.3%，水产品产量占全区的 99.3%，养殖面积占全区的96%，单位面积产量远远高于南部山区和中部干旱带。

表 3−13　2018 年宁夏水产业规模与布局

区域	渔业产值/万元	水产品产量/t	单产/($t\cdot hm^{-2}$)	养殖捕捞量/t	天然捕捞量/t	养殖面积/hm^2	其中：池塘养殖面积/hm^2
全区	197 480	176 949	5.05	176 555	394	35 007	14 709
引黄灌区	196 055	175 729	5.22	175 335	394	33 633	14 652
南部山区	1 233	1 066	0.84	1 066	0	1 274	32
中部干旱带	192	154	1.54	154	0	100	25

注：数据来源于《中国渔业统计年鉴 2019》，表 3−17、表 3−19 同。

2. 宁夏引黄灌区水产业人均规模位居西北之首，高于全国平均水平

由表 3−14 可知，2018 年，宁夏引黄灌区人均淡水水产品产量 38.75 kg，

高于宁夏及全国平均水平，远高于西北其他省区；人均淡水养殖面积74.19 m²，高于宁夏及全国平均水平，也高于西北其他省区。

表 3-14　2018 年淡水水产业情况

区域	淡水水产品产量/万 t	人均淡水水产品产量/kg	淡水养殖面积/万 hm²	人均淡水养殖面积/m²
全国	3 156.23	22.62	514.65	36.90
陕西	16.30	4.22	4.15	10.75
甘肃	1.42	0.54	0.65	2.47
青海	1.71	2.84	1.74	28.87
宁夏	17.69	25.71	3.50	50.90
新疆	17.43	7.01	12.04	48.44
宁夏引黄灌区	17.57	38.75	3.36	74.19

（二）质量与效益

1. 宁夏渔业在西北地区具有综合优势

宁夏拥有 13.33 万 hm² 农林牧业无法有效利用或直接利用的低洼盐碱荒地、5.73 万 hm² 天然水面、3 333 hm² 河沟流水水面、5 467 hm² 水库塘堰冷水水域，适合发展水产养殖业。2019 年，宁夏渔业产值占农林牧渔总产值的比重为 2.98%，远高于西北地区平均水平（0.8%）与西北其他省区。2018 年，宁夏渔业在西北地区规模优势显著；效率优势指数小于青海，大于陕西、甘肃、新疆；综合优势指数为西北地区最高，见表 3-15。

2. 水产养殖结构

2018 年，宁夏渔业总产值和从渔农民人均纯收入持续增长，比2015 年分别增长 20.6%和 20.7%；虾、蟹等名优品种比重由 2015 年的不足 3%提高到 7%。“跑道”养殖、设施温棚养殖等高效养殖模式广泛推广，池塘养殖尾水生态循环治理、“宽沟深槽”稻渔生态种养等一大批生态、绿色、

表 3-15　2018 年西北各省区渔业优势指数

地区	规模优势指数	效率优势指数	综合优势指数
陕西	0.98	0.71	0.83
甘肃	0.12	0.53	0.25
青海	1.48	1.88	1.67
宁夏	4.39	0.72	1.78
新疆	0.89	0.60	0.73

高效新技术大面积推广应用。农业农村部水产健康养殖示范场面积占全区池塘养殖总面积的 71.5%。淡水养殖产量中，鱼类占 99.4%（其中常规鱼占 95.1%），虾、蟹等名优品种占 0.59%。

（三）加工与消费

宁夏水产业以销售原产品为主，2018 年，宁夏水产品加工企业仅 1家，加工能力 1 万 t，实际加工量只有 96 t。

宁夏水产品大多外销。2018 年，宁夏淡水水产品人均产量 25.7 kg，高于全国平均水平，远高于西北其他省区，居民家庭人均消费量 2.5 kg，见图3-5。

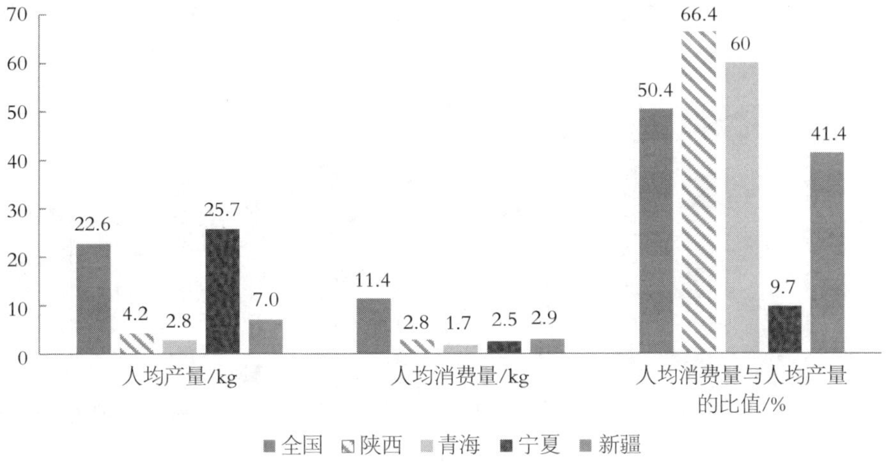

图 3-5　2018 年淡水水产品人均产销情况

注：数据来源于《中国统计年鉴 2019》。

四、枸杞产业

宁夏枸杞作为物种于1753年被正式命名。宁夏枸杞因品质上乘，自明朝弘治年间（1488—1505年）即被列为“贡果”，是唯一载入《中华人民共和国药典》的枸杞品种。宁夏有灌溉条件的中南部和北部惠农区等地特别适合种植枸杞，黑果病、干热风发生少，自然条件非常有利于枸杞生产和加工，枸杞干果品质好、农残低、总黄酮含量高、微量元素含量高、枸杞多糖含量高。作为宁夏九大重点产业之首，枸杞产业有着良好的发展基础、技术与品牌优势等，在全国枸杞产业中一直处于领跑地位。

（一）规模与布局

2020年，宁夏枸杞种植面积2.33万 hm^2，干果总产量9.8万t，综合产值210亿元。种植区域主要集中在中宁县、惠农区、平罗县、银川市、海原县、同心县、红寺堡区和固原市等地，形成了以中宁县为核心、清水河流域和银川北部为两带的“一核、两带、十产区”的产业发展格局。

近十年来，随着西部各产区种植规模的扩大，宁夏枸杞产量占全国总产量的比重从43%下降到22%，但产量规模保持稳中有增的趋势，2012年到2020年，宁夏枸杞产量从8.8万t增加到9.8万t（图3-6），9年平均产

图3-6　2012—2020年宁夏枸杞产量及其占全国总产量的比重

量 9.2 万 t，“十三五”期间平均年产量 9.9 万 t，较“十二五”期间平均年产量增加了 1.7 万 t，产业高质量发展的优势进一步增强。

（二）市场价格

随着国际和国内枸杞市场的价格波动，宁夏枸杞价格也同步波动。2006—2015 年，宁夏枸杞年度价格总体呈波动上涨、高位运行趋势，2016 年下半年后连续走低，2018 年较上年下降 8.58 元/kg，降幅达 20% 以上（图 3−7）。2019 年以来出现回调，但不同药材市场表现有分歧(图3−8)。

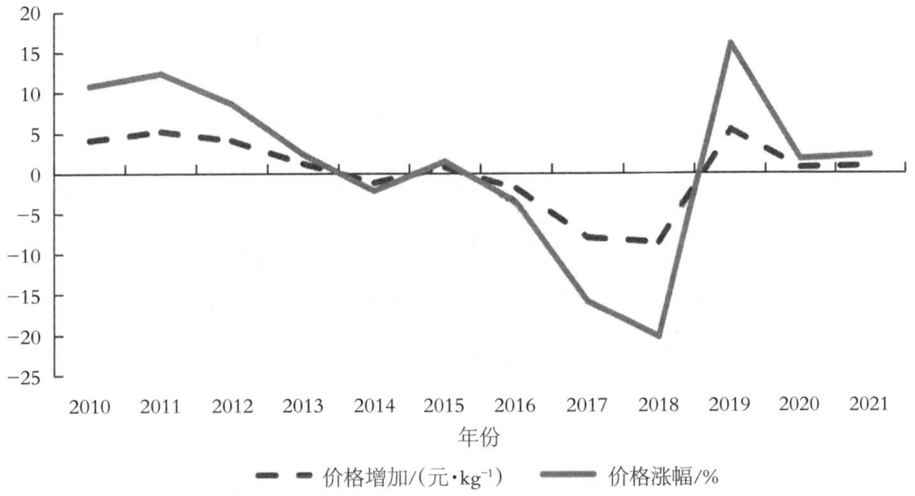

图 3−7　2010−2021 年宁夏枸杞统货价格涨幅变化

注：数据来源于历年调查监测数据。

（三）加工与品牌

2018 年，宁夏有枸杞加工企业 209 家，产值 32 亿元，平均产值 1 531 万元。截至 2020 年底，宁夏有国家级枸杞产业化龙头企业 8 家，分别为宁夏沃福百瑞枸杞产业股份有限公司、百瑞源枸杞股份有限公司、早康枸杞股份有限公司、宁夏中杞枸杞贸易集团有限公司、宁夏厚生记食品有限公司、宁夏万齐农业发展集团有限公司、玺赞庄园枸杞有限公司和宁夏全通

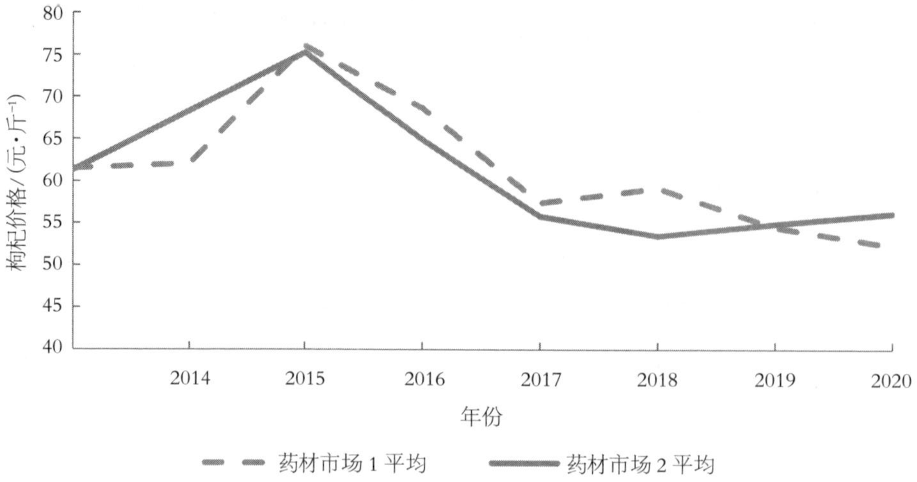

图 3-8 2014—2020 年宁夏枸杞平均价格走势

注：数据来源于中药材天地网。

枸杞供应链管理股份有限公司；国家级农民专业合作社 7 家，自治区级枸杞产业化龙头企业 38 家，取得中国有机枸杞认证的企业 8 家。加工的枸杞产品除干果、干粉、中成药、保健品、饮品和酒类以外，还有化妆品、茶、果酱、新型功能产品等共 100 多种。

2011 年，中宁枸杞及其制品基地入选商务部第一批国家外贸转型升级专业型示范基地名单。“中宁枸杞”2009 年被原国家工商行政管理总局评为中国驰名商标，2017 年被农业农村部批准为农产品地理标志。2018 年，中宁县入围第一批中国良好农业规范（GAP）认证示范县。全县有机枸杞认证面积、GAP 认证面积和出口产品质量安全示范区面积分别达 165.5 hm^2、4 066.7 hm^2 和 3 000 hm^2。“宁夏枸杞”2009 年被原国家工商行政管理总局评为中国驰名商标，2017 年被农业农村部批准为农产品地理标志，2021年正式核准注册地理标志证明商标。2020 年，“宁夏枸杞”和“中宁枸杞”入选“中欧地理标志”第二批互认保护名单。支撑这两个区域公用品牌发展的有百瑞源、沃福百瑞、全通、玺赞、早康、杞泰、厚生记等一批知名企业品牌。百瑞源枸杞入选金砖国家领导人厦门会晤国宴用品，玺赞生态枸杞成为天津夏季达沃斯论坛首次入选的枸杞产品。宁夏枸杞品牌的集群化优势初步形成。

五、其他产业

（一）规模与结构

1. 引黄灌区蔬菜产业具有规模优势

宁夏是全国优质冷凉蔬菜生产区。2020 年，全区蔬菜种植面积 19.8 万 hm^2，其中，设施种植面积 3.4 万 hm^2、露地生产面积 11.2 万 hm^2，总产量 725.8 万 t，实现产值 203.8 亿元。宁夏形成了设施蔬菜、冷凉蔬菜、供港蔬菜和露地瓜菜四大板块，引黄灌区以设施蔬菜、供港蔬菜和露地瓜菜为主，面积占宁夏蔬菜面积的 61%，占引黄灌区农作物总面积的 15.22%，蔬菜产业具有规模优势，单产低于南部山区，高于中部干旱带（表 3-16）。

表 3-16　2018 年宁夏三大区域蔬菜规模及单产

区域	农作物总面积/hm^2	蔬菜面积/hm^2	蔬菜面积占比/%	规模优势指数	蔬菜产量/t	蔬菜单产/($t \cdot hm^{-2}$)
全区	1 164 562	121 770	10.46		5 508 058	45.23
引黄灌区	485 495	73 901	15.22	1.46	3 339 801	45.19
南部山区	337 775	31 954	9.46	0.90	1 868 471	58.47
中部干旱带	341 292	15 915	4.66	0.45	299 786	18.84

注：根据《宁夏统计年鉴 2019》整理。

2. 酿酒葡萄和葡萄酒产业

地处酿酒葡萄生产“黄金地带”与“黄金海拔”（海拔近 1 100 m）的宁夏贺兰山东麓，是生产优质葡萄酒的高品质原料基地。截至 2020 年末，宁夏酿酒葡萄种植面积3.28万 hm^2，占全国的1/4，已建成酒庄92家，年产葡萄酒1.3亿瓶。有50多家酒庄开展葡萄酒旅游业服务，其中，获评国家2A级旅游酒庄4家、3A级旅游酒庄4家、4A级旅游酒庄4家，年接待游客近100万人次。

3. 引黄灌区肉类生产能力显著提高

2019年，引黄灌区肉类总产量17.6万t，占全区总产量的52.49%。其中，猪肉产量5.6万t，占全区的71.61%；牛肉产量5.1万t，占全区的44.50%；羊肉产量4.1万t，占全区的39.39%；禽蛋产量11.2万t，占全区的80.81%（表3-17）。分析历史数据可知，2019年，引黄灌区生产的猪肉、牛肉和羊肉占全区总产量的比重较2018年以前有了显著提高，猪肉的比重由2010年的42%提高到2019年的71.61%；牛肉的比重由2010年的24%提高到2019年的44.50%；羊肉的比重由2010年的25%提高到2019年的39.39%（图3-9）。表明引黄灌区产业结构进行了重大调整，肉类生产能力显著提高。

表3-17　2019年宁夏主要畜产品产量与结构

地区	肉类		猪肉		牛肉		羊肉		禽蛋	
	总产量/万t	占比/%	总产量/万t	占比/%	总产量/万t	占比/%	总产量/万t	占比/%	总产量/万t	占比/%
全区	33.53	—	7.82	—	11.46	—	10.41	—	13.86	—
引黄灌区	17.60	52.49	5.60	71.61	5.10	44.50	4.10	39.39	11.20	80.81

（二）质量与效益

2018年，宁夏除露地黄瓜外的其他蔬菜利润和成本利润率高于全国平均水平；宁夏散养肉牛、本地绵羊、改良绵羊、山羊的利润和成本利润率均高于全国平均水平，散养肉羊的利润和成本利润率虽低于全国平均水平，但仍有利润(表3-18)。另据《全国农产品成本收益资料汇编2019》，

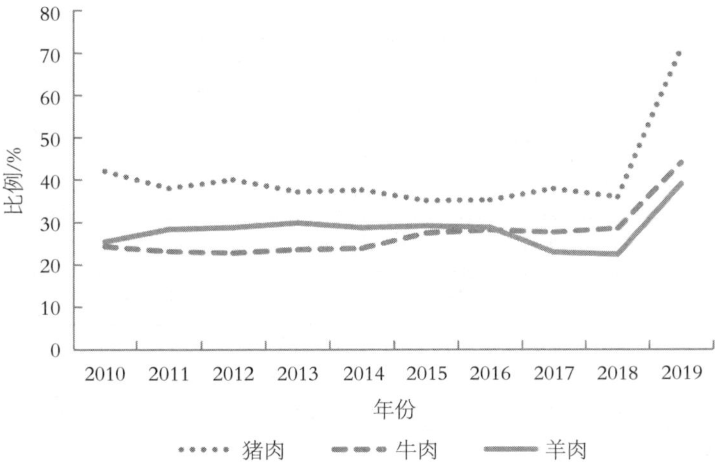

图 3-9　2010—2019 年宁夏引黄灌区肉类产量占全区总产量的比重

宁夏生猪养殖的成本利润率低于全国平均水平，不同规模养殖表现趋同。以上结果表明，宁夏蔬菜产业和肉牛、肉羊产业具有比较效益，生猪产业不具有比较效益。

表 3-18　2018 年蔬菜、苹果及畜产品成本收益

种类	宁夏		全国平均	
	（亩、百只、头）净利润/元	成本利润率/%	（亩、百只、头）净利润/元	成本利润率/%
露地西红柿	7 481.33	110.95	36.21	94.62
设施西红柿	63.27	0.81	6 115.82	68.21
露地黄瓜	−487.76	−8.36	2 140.03	48.95
设施黄瓜	7 163.56	84.52	5 972.84	66.09
露地茄子	2 178.11	57.65	1 467.63	37.86
露地菜椒	2 071.61	52.98	1 458.06	40.98
设施菜椒	5 977.61	69.36	3 006.6	44.33
露地圆白菜	1 788.77	89.01	849.27	30.63

续表

种类	宁夏		全国平均	
	（亩、百只、头）净利润/元	成本利润率/%	（亩、百只、头）净利润/元	成本利润率/%
露地大白菜	836.13	49.32	761.59	31.12
苹果	2 631.55	108.46	2 614.02	53.29
散养肉牛	3 085.77	48.02	2 614.99	28.08
散羊肉羊	49.85	4.18	89.47	7.73
中规模肉鸡	1 044.35	36.11	475.54	17.61
中规模蛋鸡	257.70	1.70	1 083.42	7.15
本地绵羊	36 690.00	122.55	10 781.94	34.91
改良绵羊	44 326.73	157.71	15 462.75	48.98
山羊	35 361.91	130.51	10 456.44	20.91
小规模奶牛	4 568.13	30.01	6 270.23	37.05
中规模奶牛	6 625.80	37.43	6 660.30	31.57

注：根据《全国农产品成本收益资料汇编 2019》整理。

（三）市场与消费

宁夏蔬菜质量上乘，菜心、西蓝花、番茄、马铃薯、豆角、韭菜、辣椒等远销香港、广东、上海、北京、福建等高端市场。2018 年，宁夏人均蔬菜产量 800 kg，比全国人均 500 kg 高 60%；全体居民家庭蔬菜及菜制品消费量 87.5 kg，比全国平均数（96.1 kg）低 9%。宁夏 70%的蔬菜产品销往周边及南方省区。

宁夏全力推进肉牛和滩羊产业高质量发展，以高端肉牛、优质滩羊生产基地建设、优良品种选育为关键，坚持“优质+高端”双轮驱动，打造优质牛羊肉产业链、供应链。在元旦和春节前后，盐池滩羊肉和泾源黄牛肉等供不应求。宁夏居民家庭人均牛羊肉消费量占人均产量的 1/4 左右，除去餐饮消费外，有 1/2 多的牛羊肉销往区外。据统计，2021 年银川市人均牛羊肉占有量 13.1 kg，是全国平均水平（5.3 kg）的 2.4 倍。图 3-10 为全国及宁夏主要肉类人均消费量。

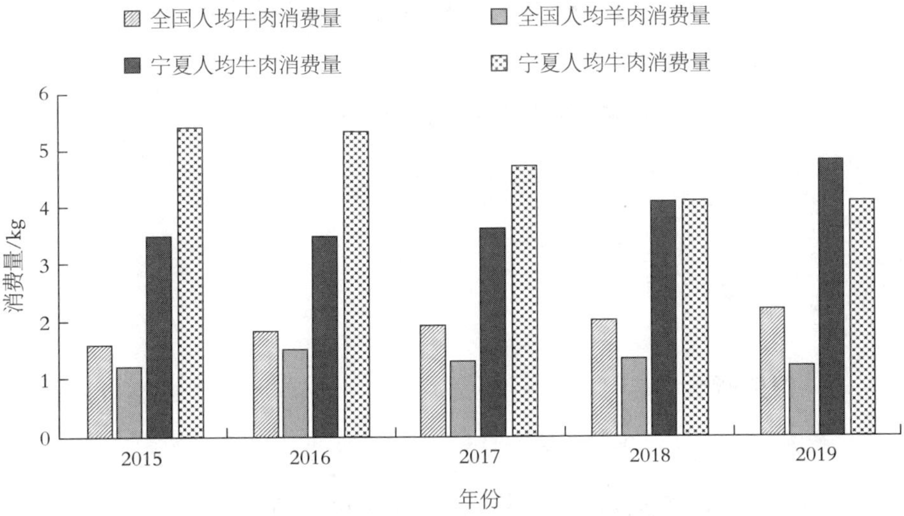

图 3-10　2015—2019 年全国、宁夏人均主要畜产品人均消费量对比

第四章　宁夏乡村产业振兴的基础与需求

——基于258份调查问卷的分析

一、相关概念

1. 乡村产业

中国工程院张洪程院士认为县域范围内的产业都属于乡村产业，这是广义的范畴，它不仅包括乡村的第一产业，还包括县域内第二产业的农产品加工业及相关制造业（从业者多为农民子弟）、乡村建筑业，第三产业衍生出来的涉农生产性服务业、生活性服务业，以及连接城乡要素资源并融合农村第一、第二、第三产业的休闲农业和乡村旅游业等，这是以现代生产经营体系为支撑的多元化产业体系。传统意义上的乡村产业一般指统计分类上的农业，即种植业、牧业和林业，主要指第一产业。因此，不同于传统意义上的乡村产业，现代乡村产业的内涵更加丰富。

本项目涉及的乡村产业主要是基于现代乡村产业宏观视角、植根于宁夏引黄灌区、历史悠久、与食物安全关联度最高、最具代表性的传统优势农业产业，即以粮食为主的种植业、以奶牛为主的养殖业、枸杞和酿酒葡萄等特色产业、水产养殖业以及相关的第二、第三产业。

2. 农业产业化

农业产业化的概念最早“起源于二战后农业振兴时期的美国，而后传入西欧、日本等发达国家，它主要是依靠经济和法律关系将农业生产的产前、产中、产后等环节有机地联系起来，其核心是一体化结构体系的建立和运作。我国农业产业化发端于20世纪80年代，是在农村经济改革与发展的实践中应运而生的”。农业产业化具有专业化分工、一体化经营、企业化管理与社会化服务等基本特征。其基本内涵是以市场需求为导向，以经济效益为中心，以优势农业、特色农产品为重点，整合多种资源协调生产，进而实现布局区域化、生产专业化、建设规模化、加工标准化、管理现代化、服务社会化的目标，构建全产业链生产、流通、加工体系，形成农业自我发展、自我积累、自我约束、自我调节的良性循环发展机制。

二、乡村产业振兴的动力理论

（一）利益驱动理论

促使农业产业化的根本原因是利益，利益驱动是构建现代农业经济体系的一项重要特征。农业产业化涉及各个利益群体的分工协作，其中农户所承包的第一产业在规模化经营中降低了生产成本，公司所承包的第二、第三产业必然在农业产业化中获得较大的利润。农业产业化带来的经济效益将不同的主体联结在一起，并且利益越大，这种联结就会越紧密、越牢固。在整个农业产业化过程中，公司是将农产品价值进行提升的关键一环，优质、充足的农产品是基础保障。农业产业化要求从农业角度出发，在实施规模化经营的基础上，用现代设施、装备、技术手段武装传统农业，将互联网、物联网、大数据、智能装备等现代信息技术与农业深度融合，大力发展智慧农业，提高农业现代化水平。

（二）利益相关者理论

利益相关者（stakeholder）的概念最早可以追溯到 18 世纪初，意为“赌博中拥有赌金的人”。作为对传统“股东至上主义”治理模式的反思和挑战，利益相关者真正作为一种理论被广泛运用于现代企业管理领域则开始于 20 世纪 60 年代。1963 年，斯坦福研究院首次对利益相关者进行命名并给出了相应的定义：失去他们的支持，企业便无法实现生存目标的这部分个人或团体。随着该理论的不断演化和社会实践的不断发展，有关其概念的界定也更加多样和丰富。而在这多样的概念诠释中，最经典、影响范围最广、学界认同度最高的当数 1984 年美国哈佛大学经济学教授弗里曼（Freeman）在其专著《战略管理：利益相关者方法》中给出的定义。他指出利益相关者为“那些能够影响企业目标实现，或者能够被企业实现目标的过程影响的任何个人和群体”。

为了更好地生存和发展，组织不仅要密切关注雇员、消费者、供应商等与组织紧密关联的个人和群体的利益诉求，还要关注政府代表、同行业竞争者、工会等与组织间接关联的个人和群体的利益诉求。在众多学者的努力推动下，利益相关者理论在 20 世纪 80 年代后迅速发展，逐渐形成了适应不同学科（例如企业伦理学、管理学、法学、社会学）建设、不同领域（例如高校治理、旅游管理、社区治理）的利益相关者理论。作为一种复杂的社会实践活动，乡村产业在具体的落地和开发过程中必然受到执行主体、参与主体、目标群体等利益相关者的影响。这些利益相关者之间的参与程度和互动效果不仅影响产业政策的制定、产业项目的落实、产业资金的到位，甚至在某种程度上决定着乡村产业政策目标的实现。因此，在利益相关者视角下研究乡村产业发展中各个利益相关者的行动逻辑，厘清其利益关系，总结其利益矛盾，并借鉴案例地区的成功经验，提炼出协调多方利益矛盾的机制，对保证产业发展的有效性和持续性至关重要。

三、宁夏乡村振兴战略实施的意愿——基于调查问卷的实证分析

（一）指标设计

本项目立足宁夏乡村振兴战略需求，结合宁夏乡村产业发展现状和存在的问题，设计了《宁夏乡村产业振兴的基础与需求》问卷，调查指标包括问卷调查对象的分布和结构、来源于农业相关的收入占比、对乡村产业振兴的认识、乡村产业的优势、制约乡村产业发展的因素、乡村产业振兴的目标、急需发展的乡村产业类型、乡村产业振兴的动力与关键、乡村产业振兴重点需要解决的问题及乡村振兴的优选模式等。

（二）数据调查

本项目采用分层抽样与随机抽样的方法对宁夏乡村产业发展主体及农户进行问卷调查与访谈，调研区域以引黄灌区为主，具体选取了银川市、青铜峡市、永宁县、贺兰县、平罗县、惠农区、石嘴山市、中卫市、吴忠市、灵武市等主要市（县、区），共获取有效问卷258份，有效率达100%（个别有数据缺失）。

问卷包括四部分：第一部分是被调查户的个体特征情况，主要涉及农户的性别、民族、年龄、文化程度等；第二部分是被调查户的基本情况，主要包括家庭年收入，分别来自农业、加工业和服务业的收入占比；第三部分主要是被调查户对乡村振兴目标、驱动因素、可行性等关键指标的认知情况，主要包括所在地区乡村产业的优势、所在地区推动乡村产业振兴的制约因素、所在地区推动乡村产业振兴的目标、乡村产业效益产值倍增的可行性、乡村产业振兴的主要驱动力等；第四部分主要是被调查户对乡村振兴相关重大技术工程项目的需求等。

（三）信度与效度检验

1. 信度检验

在李克特量表中，常用的信度检验方法是 Cronbach’s α 系数法。如果内部一致性 α 系数大于 0.9，则认为内在信度很高；如果内部一致性 α 系数大于 0.8，但小于 0.9，则认为内在信度是可以接受的；如果内部一致性 α 系数大于 0.7，但小于 0.8，则认为问卷仅具有一定的参考价值；如果内部一致性 α 系数低于 0.5，则此问卷的调查结果就不可信了。本项目问卷数据内部一致性 α 系数是 0.726，说明数据内在信度是可以接受的。

2. 效度检验

为了判断样本数据是否适合做因子分析，首先要判断各变量间是否存在相关性，统计学中用 KMO 检验和 Bartlett 球形检验加以判定。KMO 检验用于检验变量间的偏相关性，KMO 值在 0.9 以上，表示非常适合做因子分析；KMO 值为 0.8~0.9，表示很适合做因子分析；KMO 值为 0.7~0.8，表示适合做因子分析；KMO 值为 0.6~0.7，表示不太适合做因子分析；KMO 值为 0.5~0.6，表示做因子分析很勉强；KMO 值在 0.5 以下，表示不适合做因子分析。本项目问卷 KMO 值为 0.796，表示相关因素之间一致性程度较高，适合做因子分析。Bartlett 球形检验用于检验相关矩阵是不是单位阵，即各变量是否有较强的相关性。$P<0.05$，表示各变量之间存在相关性，适合做因子分析。本项目问卷 $P<0.01$，表明问卷各变量具有相关性，适合做因子分析。

（四）统计描述及分析结论

1. 问卷调查对象的构成

（1）性别结构：在获取的 258 份有效问卷中，男女比例分别为 59.7%和 40.3%。

（2）年龄结构：在 258 个答卷主体中，36~50 岁的青壮年居多，占总人数的 41.1%，20~35 岁者和 51~60 岁者各占 28.7%，60 岁以上者仅占 1.5%，没有 20 岁以下的答卷者（图 4–1）。

（3）学历结构：在 258 个答卷主体中，大专或本科学历者占 82.2%，高中(职高）学历者占 8.9%，研究生及以上学历者占 4.3%，中学以下学历者占4.6%（图4–2）。

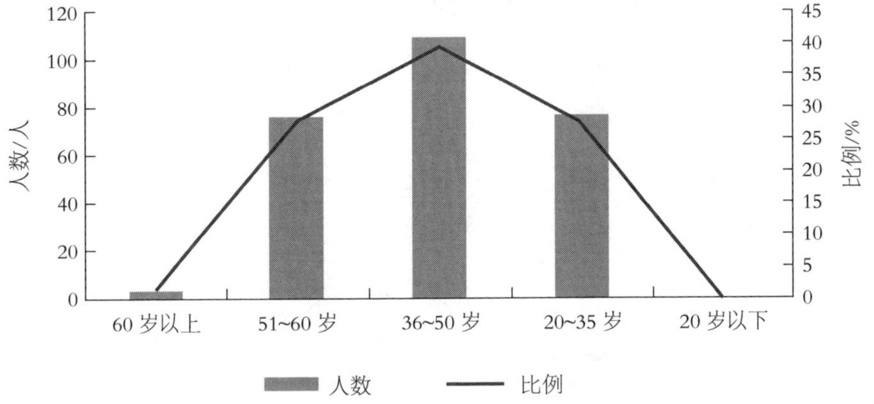

图 4–1　答卷主体年龄结构

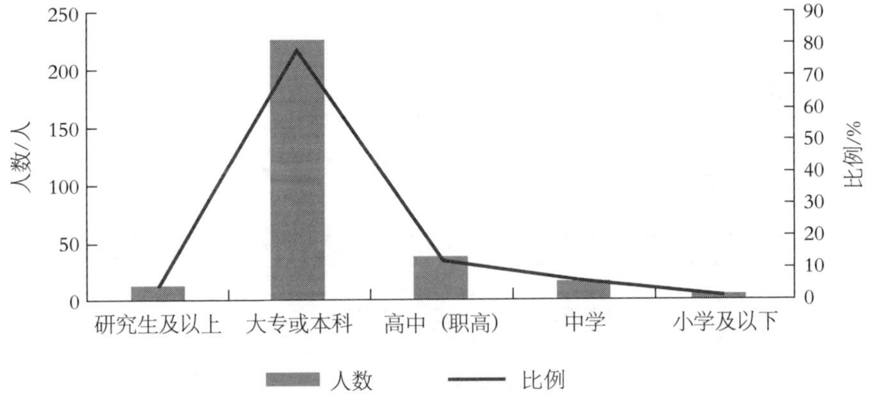

图 4–2　答卷主体学历结构

（4）职业结构：在 258 个答卷主体中，事业单位管理人员占 26.7%，科技人员占 23.3%，农业企业职工占 11.6%，农业经营主体法人和农民各占 8.9%，公务员占 7.4%，其他占 13.2%。

（5）收入结构：在258个答卷主体中，年收入6万~10万元者占55.8%，2万~5万元者占21.3%，10万元以上者占18.2%，2万元以下者占5.6%。

（6）个人收入构成中，10%以上来自农业第一、第二、第三产业的人数分别占19.4%、10.4%和11.2%。

2. 问卷调查对象对乡村振兴的判断

（1）对乡村振兴必要性和迫切性的认识：关于所在地区推动乡村振兴的必要性和迫切性问题，90%的调查者认为是必要和迫切的；8.9%的调查者认为是必要的但不是迫切的。

（2）对“五大”振兴优先序的认识：关于所在地区推动乡村振兴任务的优先序问题，52%的调查者第一选项是组织振兴，21%的调查者第一选项是人才振兴；57.4%的调查者第二选项是人才振兴（图4-3）。“五大”振兴中，人才振兴具有支撑作用，组织振兴是发挥人才引领作用的前提，产业振兴是一切振兴的基础，文化振兴是引领，生态振兴是关键。

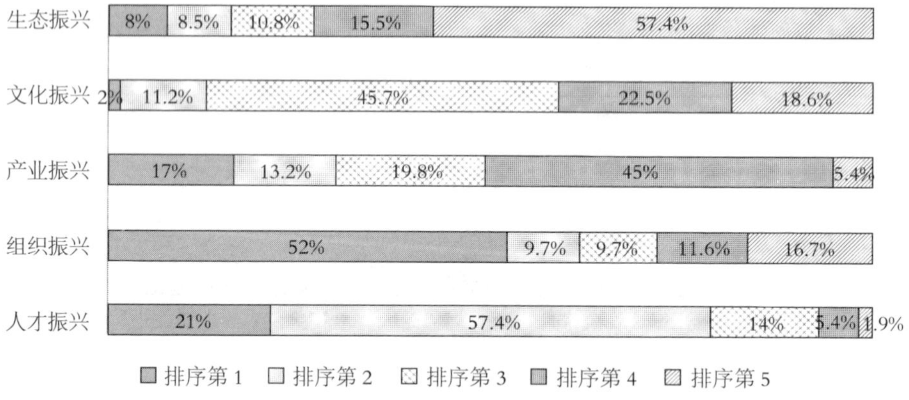

图4-3　对“五大”振兴优先序的认识

（3）对所在地区乡村产业优势的认识：调查对象认为，所在地区乡村产业的优势依次是：资源优势，区位优势、交通优势和品牌优势，组织优势2——龙头企业、组织优势3——合作社、人才优势，市场优势、组织优势1——村级组织、文化优势、组织优势4——家庭农场、科技优势，其他优势，组织优势5——其他主体（图4-4）。

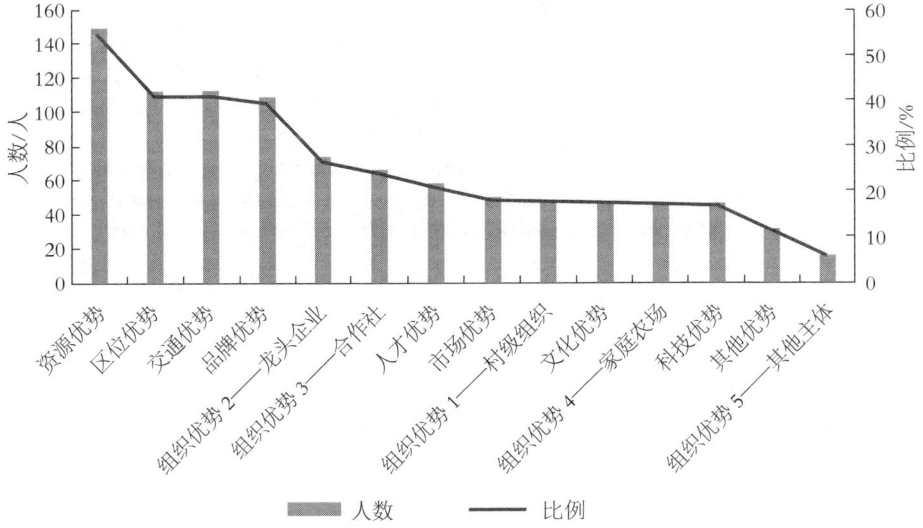

图4-4　对所在地区乡村产业优势的认识

3. 乡村产业振兴的目标、信心与动力

（1）在258个有效回答中，认为所在地区推动乡村产业振兴的目标依次是：产品高端化、推出新产品、生活更舒畅、速食便利化、融合配套更完善、田园生态更美丽、品牌更亮、资源利用更高效、生产更省力、工厂化生产、产业数字化、其他（图4-5）。

（2）在258个有效回答中，认为所在地区乡村产业效益产值倍增有可能的占86%，不可能的占2%（图4-6）。

（3）在258个有效回答中，认为所在地区乡村产业振兴的主要动力依次是：产业发展需求、村民自治自发愿望、政府资金引导、国家政策导向、城市带动乡村、乡村基层组织带动、社会资本拉动及其他（图4-7）。

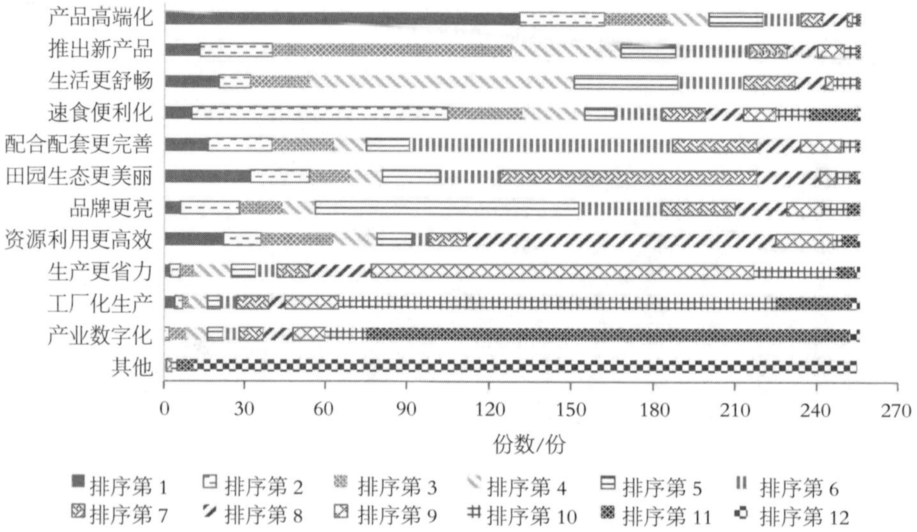

图 4-5　对所在地区乡村产业振兴目标的认识

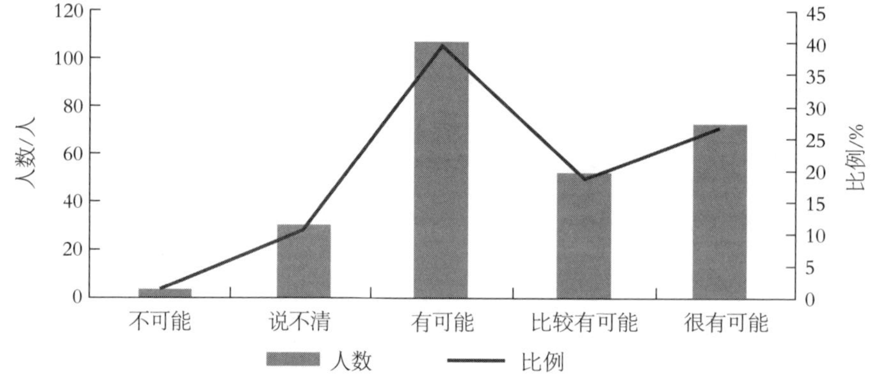

图 4-6　对所在地区乡村产业效益产值倍增可能性的判断

4. 乡村产业振兴拟选择的产业、关键与模式

（1）在 258 个有效回答中，认为所在地区乡村产业振兴急需发展的产业依次是：优势农业产业、休闲农业、农产品加工业、传统特色产业、康养产业、田园综合体、数字产业、农民就地创业和其他（图 4-8）。

（2）在 258 个有效回答中，认为促进乡村产业振兴的关键依次是：基地生态化建设、农产品品牌化、挖掘人才资源、发展康养休闲产业、创新

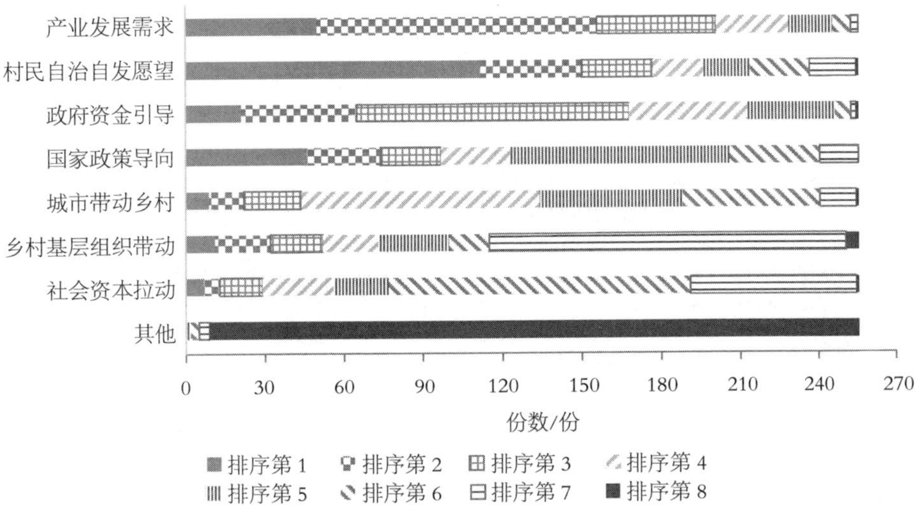

图 4-7　对所在地区乡村产业振兴主要动力的判断

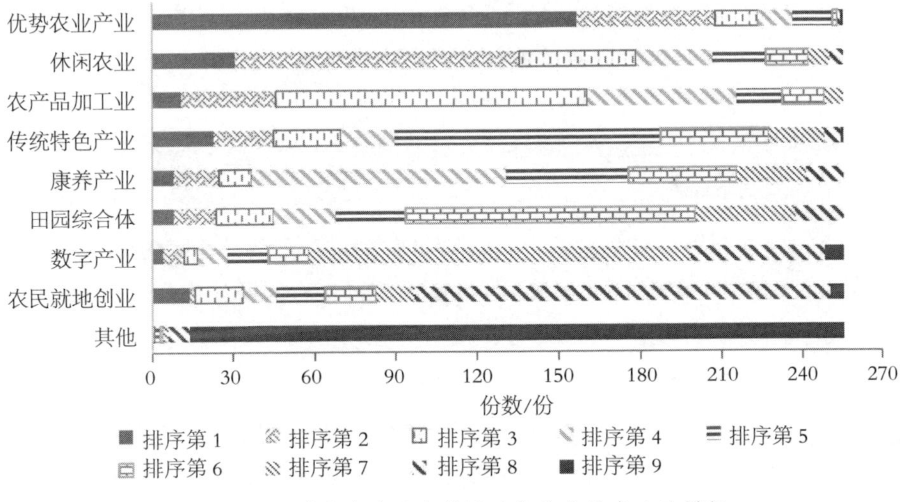

图 4-8　对所在地区乡村振兴急需发展产业的判断

营销模式、创新新业态、提升科技支撑力、与投入品经销商联营、提升农产品加工力、优化产业结构、数字化监测与管理、提升餐饮业（图 4-9）。

（3）在 258 个有效回答中，认为所在地区乡村产业振兴的优选模式依次为：乡村组织带动型、营销带动型——农产品直播+社群化营销、特色小镇建设带动型、土地改革引导型、科技创新引领型、龙头企业带动型、社会资本下乡带动型、返乡人才创业带动型、其他（图 4-10）。

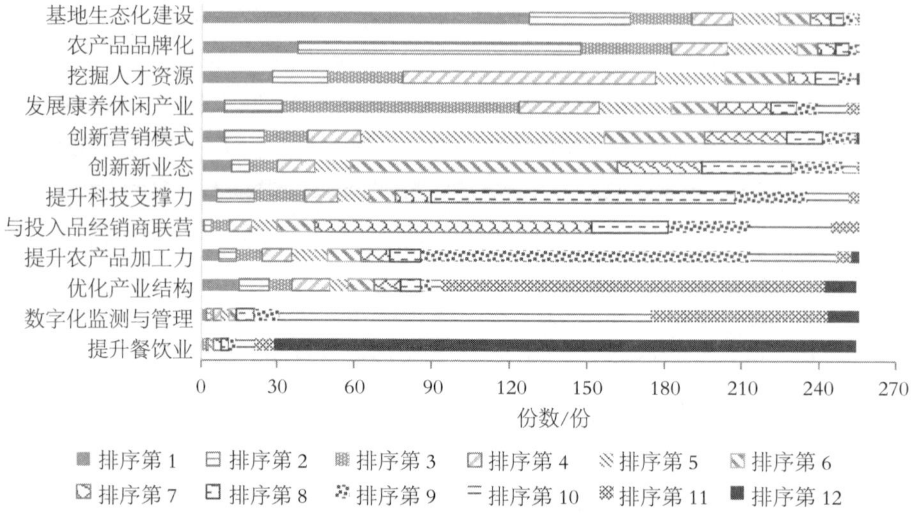

图 4-9　对促进所在地区乡村产业振兴关键的判断

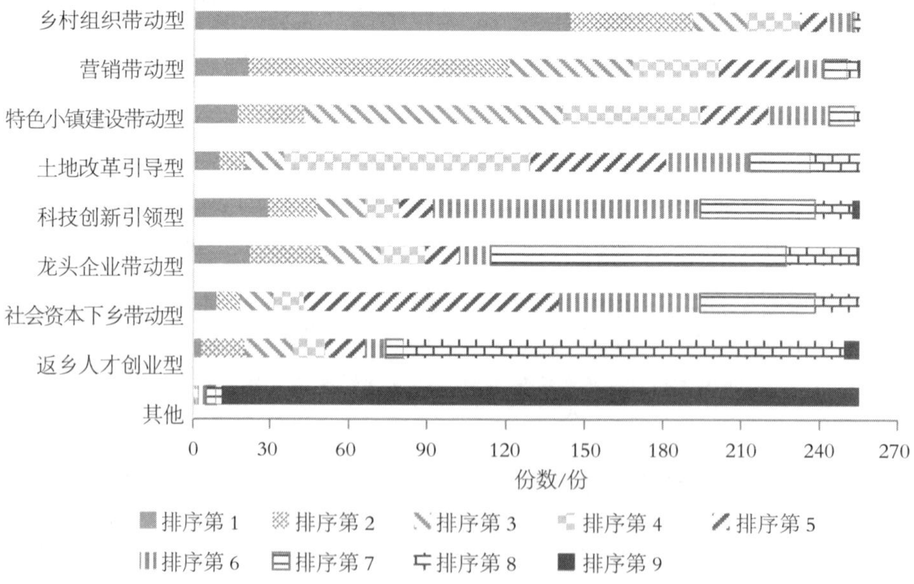

图 4-10　对所在地区乡村产业振兴优选模式的判断

5. 乡村产业振兴的制约因素、生态振兴要解决的问题与实施的工程项目

（1）在258个有效回答中，认为所在地区推动乡村产业振兴的制约因素依次为：人才缺乏，科技含量不高；国家政策和资金扶持力度不够；自然条件差，实施难度大；农村劳动力老龄化；农业组织化管理水平低；交通网、无线网条件差；产加销脱节；土地改革不充分；发展目标不明确；其他(图4-11)。

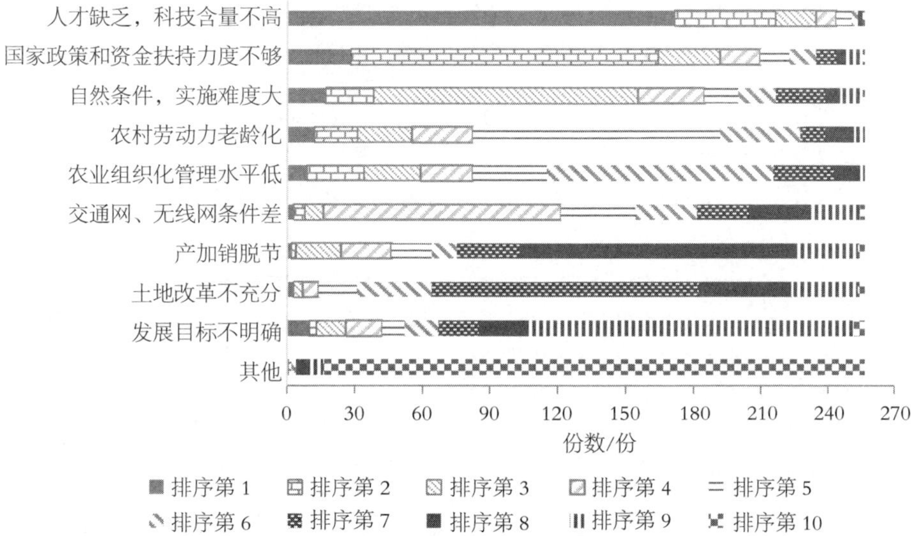

图4-11　对所在地区乡村产业振兴制约因素的判断

（2）在258个有效回答中，认为所在地区乡村生态振兴要解决的问题依次是：村庄环境整治、农残秸秆处理、农膜回收处理、养殖业粪污处理、农村生活垃圾处理、推广农村清洁能源、水系污染整治、沟渠路整治(图4-12)。

（3）在258个有效回答中，认为乡村产业振兴迫切需要建设的工程项目依次是：高端乳品加工项目、肉品精细加工、特色小镇建设工程、方便主食加工项目、复合谷物干果休闲食品加工项目、果蔬复合饮品加工项目、餐饮业提升工程、数字乡村特色产业工程、大型配合饲料加工项目及其他(图4-13)。

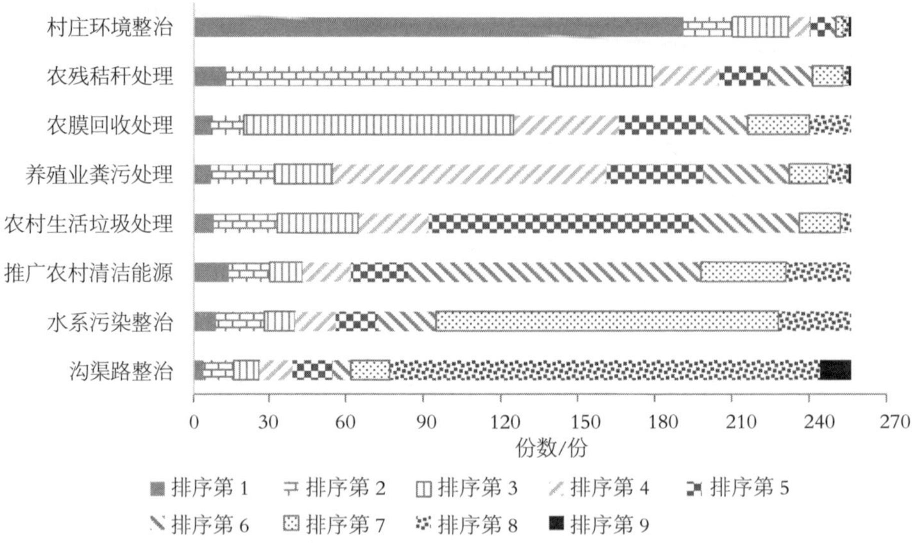

图 4-12　对所在地区乡村生态振兴要解决问题的判断

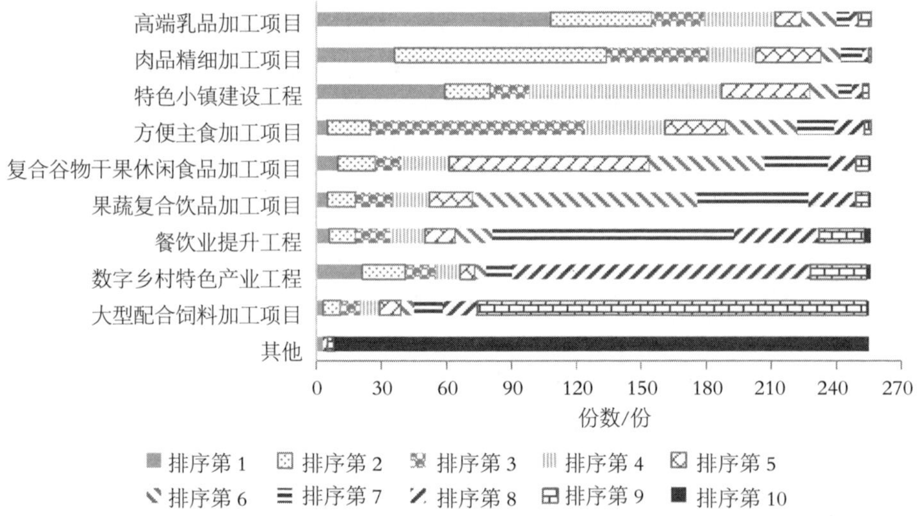

图 4-13　对所在地区乡村产业振兴迫切需要建设的工程项目的判断

（五）数据分析与结果

1. 变量选择

选取在实地调研及访谈过程中被调查户认为影响程度较高的因素或与农民参与乡村产业振兴更相关的变量作为自变量。选取的解释变量分别为村民自治愿望、产业发展需求、政府资金引导、城市带动乡村、社会资本拉动、乡村基层组织带动，选取的控制变量分别为性别、受教育程度、年龄、职业、收入，详见表4-1。

表 4-1　变量界定及描述

变量		变量描述
被解释变量	农民参与乡村产业振兴意愿	1=非常不愿意；2=比较不愿意；3=愿意；4=比较愿意；5=非常愿意
解释变量	村民自治自发愿望	同上
	产业发展需求	同上
	政府资金引导	同上
	城市带动乡村	同上
	社会资本拉动	同上
	乡村基层组织带动	同上
控制变量	性别	1=男；2=女
	受教育程度	1=研究生及以上；2=大专或本科；3=高中（职高）；4=中学；5=小学及以下
	年龄	1=>60；2=51~60；3=36~50；4=20~35；5=<20
	职业	1=公务员；2=科技人员；3=事业单位管理人员；4=农业经营主体法人；5=农民；6=企业职工；7=其他
	收入	1=>20万元；2=11~20万元；3=6~10万元；4=2~5万元；5=8000~20000元；6=<8000元

2. 结果分析

为研究农民参与乡村产业振兴意愿的影响因素，本项目在上述动力理论框架下，建立如下模型：

$$Y_i = \beta_1 X_{1i} + \beta_2 X_{2i} + \beta_3 X_{3i} + \beta_4 X_{4i} + \beta_5 X_{5i} + \beta_6 X_{6i} + \gamma P_i + \varepsilon_i$$

Y_i 表示第 i 个被调查对象参与乡村产业振兴意愿的强烈程度，X_{1i} 表示被调查对象自治自发愿望、X_{2i} 表示产业发展需求、X_{3i} 表示政府资金引导、

X_{4i} 表示城市带动乡村、X_{5i} 表示社会资本拉动、X_{6i} 表示乡村基层组织带动，P_i 表示控制变量，包括性别、受教育程度、年龄、职业、收入等个人特征变量，ε_i表示随机扰动项。运用 STATA15.0 软件对上述变量进行计量分析，结果如表 4–2 所示。

表 4–2　计量分析结果

变量		系数	标准差
解释变量	村民自治自发愿望	0.033**	0.070
	产业发展需求	−0.066	0.091
	政府资金引导	0.057*	0.097
	城市带动乡村	−0.037	0.096
	社会资本拉动	−0.143	0.095
	乡村基层组织带动	−0.108	0.085
控制变量	性别	0.195	0.173
	受教育程度	0.205**	0.192
	年龄	−0.030	0.111
	职业	−0.292	0.257
	收入	0.102	0.116

注：***，**，*分别表示在 99%、95%、90%的置信水平下显著。

根据表 4–2 的实证分析结果，在 95%的置信水平下，村民自治自发愿望与农户参与乡村产业振兴意愿呈正相关，这是因为村民自治自发愿望能发挥农户的主观能动性。在 90%的置信水平下，政府资金引导对农户参与乡村产业振兴意愿有显著正向引导作用，这是因为政府的公信力比较强，农户对政府意愿及决策有很大依赖。另外，在 95%的置信水平下，教育对农民参与乡村产业振兴产生显著正向影响。

第五章　制约宁夏乡村产业振兴的因素

宁夏平原三面环沙、生态脆弱，农业产业与生态建设不但受制于干旱缺水等自然条件，还受到风沙、冻害、盐碱危害等影响，环境可持续发展面临极大的挑战。相对于多样化的地质地貌与气候特征，宁夏乡村产业具有如下特点：地域不广、类型多样；规模不大、品类丰富；价格不贵、品质上乘；人口不多、人均突出；收益平稳，幸福宜居。近年来，逆全球化思潮和贸易保护主义抬头，世界经济摩擦加剧，农业生产和贸易风险性加大。就农业而言，近年来，宁夏粮食、枸杞等传统优势产业经营效益阶段性走低，农村劳动力弱化，农村产业生态系统亟待优化，农业农村现代化科技产品供给有待增加。通过深入调研得出，特定阶段，制约宁夏乡村产业振兴的因素主要有六个方面：一是农业资源约束趋紧；二是产业结构不尽合理；三是部分产业效益低下；四是养殖业生产环境面临压力；五是粮草安全保障面临挑战；六是加工、流通等制约发展的瓶颈问题依然存在。

一、农业资源约束趋紧

宁夏农业基础条件仍然薄弱，耕地质量整体不高，高等级耕地只占17.11%，中、低等级耕地分别占29.17%和53.72%，主要原因是水资源不足，人均可利用水资源仅为全国平均水平的1/3，现状缺水8.28亿m^3，预测到 2035 年缺水量将达到 14.3 亿 m^3。农、林、牧等产业的快速发展，也加剧了各产业对水、地、人、时的竞争。如农田防护林建设初期，灌区用地用水问题不突出，几十年后林木长高增密，在美化绿化环境的同时耗水量增大（计入农业用水），加剧了水资源的紧缺。2019 年以来，引黄灌区降水减少，尤其是 2021 年，引黄灌区降水量仅 153.1 mm，低于近 10 年平均降水量 21%，全区多地严重干旱。粮食生产与林草争地、争水、争肥矛盾突出。土地荒漠化、次生盐渍化、水土流失等问题难以完全消除。

二、产业结构有待进一步优化调整

2020 年，宁夏农产品加工产值与农业总产值的比重为 1.9∶1，低于全国平均水平（2.3∶1）；农业总产值中，种植业比重比全国平均水平高 4.52 个百分点，林业、渔业比重分别比全国平均水平低 2.78 个百分点和 6.57 个百分点。在保障粮食安全的前提下，种植业结构需进一步优化，调减耗水高的供外蔬菜面积，调增抗旱、耐旱作物品种的面积，扩大玉米、杂粮和饲草种植面积。以节水增效为目标，调优农田防护林与行道绿化树品种、密度和林分结构。

养殖业中，高端产品的研发、高端市场的开拓相对滞后。市场上价格高的精细分割肉较少。牛产业品牌建设滞后，缺乏地域标识元素，自主知识产权的当家牛品种影响力不强，在市场竞争中处于弱势地位，肉品加工仍是最大短板，从 2018 年到 2020 年，宁夏肉牛屠宰量占出栏量的比例从 64.1%降至 9.2%，即以活牛形式销售到区外的肉牛由 36%（26.8 万头牛）增加到 90.8%（65.4 万头牛），优势产业未能实现更高经济价值。

淡水养殖中，虾、蟹等名优品种占比仅 1%；鱼类中，名特优新等高价值、非常规品种占比不到 10%，虾、蟹、贝类占 12%。水产品养殖结构有待进一步优化。

三、部分产业效益低下

乡村产业受到天气与市场两类不确定性关键因素的影响，因而不同产业在不同时期经营效益会发生较大偏差。如2018年，宁夏粳稻单位净利润和利润率仅为2010年的11.8%和8%，降速高于全国平均水平；与历史相比，宁夏小麦和玉米的利润率降幅显著，2015年后低于盈利点，其中小麦亏损幅度一直大于全国平均水平。2020年，宁夏小麦种植平均纯利润-3 321元/hm^2，比全国平均水平低3 072元/hm^2，成本利润率-17.9%，比全国平均水平低16.3个百分点，但宁夏小麦在稻旱轮作、麦菜复种、轮作倒茬及粮食结构安全中的价值不容忽视，如果从一年两熟、融合化周年经营的角度核算其经济性，土地产出率尚有较大提升空间。

据多方调研分析，宁夏的枸杞、葡萄、奶牛、牛羊肉、生猪等产业，在不同时期都遭遇了市场波动的影响。如2016年下半年以来，枸杞产业经历了市场低价位的波动；2019年以来，猪肉、原奶及牛羊肉等初级农产品价格波动下降；受疫情等多种因素影响，地产葡萄酒消费受阻。在不同时段，各产业经营效益程度不一表现出下降趋势。

四、养殖业生产环境面临较大压力

养殖业是一个高排污的产业，平均一头奶牛一天排粪尿50 kg。1个拥有万头奶牛的牧场，每天的粪污排放量近500 t。如果奶牛存栏增长到100万头，全区粪污排放量每天将达到5万t，每年排放量将达到约1 825万t。近年来相关部门下大力气抓养殖粪污资源化利用工程，利通区等地奶牛规模化养殖场粪污处理设施配套率较高，个别偏远地区的养殖主体缺乏资金与技术等投入或新建养殖园区相关配套滞后，局部地区可能存在环境污染风险。特别是在一些高密度集中养殖区，粪尿的处理和外运成本高，也增加了养殖成本，影响产业的规模效益，因此，需要解决污染控制和降低处理成本的技术难题。另外，养殖业行业排放标准与环保部门制定的排放标准不一致，养殖废弃物标准化综合治理工作滞后，畜禽养殖粪污无害化处理及综合利用的水平有待进一步提高。个别养殖场建于林地附近，将养殖污水直排于近处的林地，利用方式落后，转化效率低，且影响林地土壤环境的稳定性与平衡性，存在污染风险。一些规模化养殖场种养加一体化程度较高，但少部分养殖户没有主动配套粪污无害化基础设施的意识，自主配套粪污处理设备积极性不高，局部地区废弃物不能及时有效地利用。

五、粮草安全保障面临挑战

2019 年，宁夏粮食产销基本平衡，水稻基本满足需求，小麦短缺 30.4 万 t，占消费量的 47%。2020 年，宁夏稻麦面积继续减少，玉米面积较上年增加 2.89 万 hm^2，增幅近 10%，比上年增产 18.6 万 t，见表 5−1。2021 年，宁夏已变为粮食销区，人均稻麦产量合计129.13 kg，占口粮的 78%。2013 年至 2020 年宁夏人均粮食消费情况见表 5−2。2020 年，工业用粮和饲料用粮合计 290 万 t，占粮食总消费量的 70%，见表 5−3。口粮与饲料用粮均需要调入，得益于我国社会主义国家的制度优势、党中央统领和全国一盘棋的体制优势、国内国际两个市场的资源优势与“双循环”发展的政策优势，粮食安全既有挑战也有保障。

饲料方面，全国玉米已连续 4 年产不足需，供需缺口导致玉米价格上涨。过去宁夏玉米年均外销 30 万 t，目前已转为纯调入省区。利通区、灵武市、平罗县、兴庆区、沙坡头区等奶牛养殖集中区地处荒山、荒滩、荒坡地区，配套饲草料种植受到限制，需跨区域调购饲草，增加了运输及饲草成本，削弱了宁夏奶产业等畜牧产业的竞争优势。

表 5-1　宁夏粮食产销余缺基本情况

单位：万 t

年份	粮食产量	其中			粮食消费量	其中			余缺量	其中		
		小麦	稻谷	玉米		小麦	稻谷	玉米		小麦	稻谷	玉米
2016	370.6	40.9	63.0	221.5	374.5	77.6	48.8	210.1	−3.9	−36.7	14.2	11.4
2017	368.2	40.9	63.9	214.9	394.9	77.9	46.0	225.9	−26.7	−37.0	17.9	−11.0
2018	392.6	41.6	66.6	234.6	382.2	74.2	41.4	222.3	10.4	−32.6	25.2	12.3
2019	373.2	34.6	55.1	230.5	370.0	65.0	50.0	205.0	3.2	−30.4	5.1	25.5
2020	380.5	27.8	49.4	249.1	415.0	70.0	45.0	235.0	−34.5	−42.2	4.4	14.1

注：数据由宁夏粮食和物资储备局提供。

表 5-2　2013—2020 年宁夏人均粮食消费情况

年份	粮食消费量/万 t	人均粮食消费量/kg	人均小麦消费量/kg	人均水稻消费量/kg	人均玉米消费量/kg	稻麦消费占比/%	玉米消费占比/%
2013	370.30	569.09	121.41	80.68	298.45	35.51	52.44
2014	377.20	573.37	132.25	73.42	302.95	35.87	52.84
2015	360.50	542.34	119.45	75.07	285.24	35.87	52.59
2016	375.00	558.55	115.58	72.69	312.93	33.71	56.03
2017	394.90	582.16	114.84	67.81	333.02	31.38	57.20
2018	382.20	558.00	108.33	60.44	324.55	30.25	58.16
2019	370.00	532.63	93.57	71.98	295.11	31.08	55.41
2020	415.00	576.39	97.22	62.50	326.39	28.00	57.00

表 5-3　宁夏粮食消费构成基本情况

单位：万 t

年份	总消费量	城镇口粮	农村口粮	工业用粮	种子用粮	饲料用粮
2016	374.5	48.6	79.0	155.4	10.6	80.9
2017	394.9	54.3	70.5	151.1	11.2	107.8
2018	382.2	60.5	58.2	130.5	13.9	119.1
2019	370.0	55.0	60.0	115.0	10.0	130.0
2020	415.0	55.0	60.0	125.0	10.0	165.0

六、加工、流通等制约发展的瓶颈问题

一是存在农产品加工产能结构性过剩与不足的双重矛盾。在粮食、饲草等农产品加工企业产能过剩的同时，存在农产品加工业发展不充分、本地企业规模偏小、专业技术人才缺乏、机械设备投入成本高、高端产品加工规模小的问题。如，2020 年宁夏共有万吨以上饲草加工龙头企业 9 家，设计加工能力 27.6 万 t，实际加工 15.6 万 t，占设计加工能力的 57%。二是产业经营效益受到物流运输高成本的影响。物流运输的高成本，挤压农产品利润空间，冷链和物流设施投入高、可视化配套设备不完善，也影响农产品流通及其利润。三是销售渠道不畅，农产品季节性集中上市，生产经营主体缺乏议价能力，价格缺乏竞争优势。四是受国际国内农产品市场供需及价格波动的影响，近年来，土地、种子、化肥、农药等农业生产资料价格及人工工资不断上涨，而初级农产品价格低迷，从事第一产业的经营主体利润空间受到挤压，优质农产品及其品牌化经营面临挑战。

第六章　乡村产业振兴的体系分析

一、构建现代农业“三大体系”

乡村产业振兴是农业农村现代化建设的重大任务，构建现代农业“三大体系”是乡村产业振兴的重要着力点。因此，深刻理解现代农业“三大体系”的理论内涵、要素构成、功能与目标、底层逻辑及其与产业振兴的关联性，对找准乡村产业振兴的抓手与路径具有重要的理论支撑作用，对促进乡村产业振兴具有重要指导意义。

（一）产业体系

产业体系属区域经济学范畴。在乡村振兴战略背景下，现代农业产业体系的建设目标是着眼于农业现代化发展趋势，兼顾生态、循环、低碳原则，在省域、县域等行政区域或跨区域、跨省域布局乡村产业及农产品生产，保障食物安全供给，促进农村环境宜居、经济繁荣、农民富裕、生活幸福。

随着技术的发展及人们消费需求的升级，农业的功能由自古以来的农产品供给保障拓展到农业多功能性，现代农业服务业亦由物流、信息流与技术流等产业领域延伸到文化、旅游、休闲与康养等特色服务领域。现代农业产业体系的功能与特色可从农产品供给保障、生态多功能开发与保护、教科文及其拓展服务、生产生活服务四个维度加以描述（图 6–1）。深

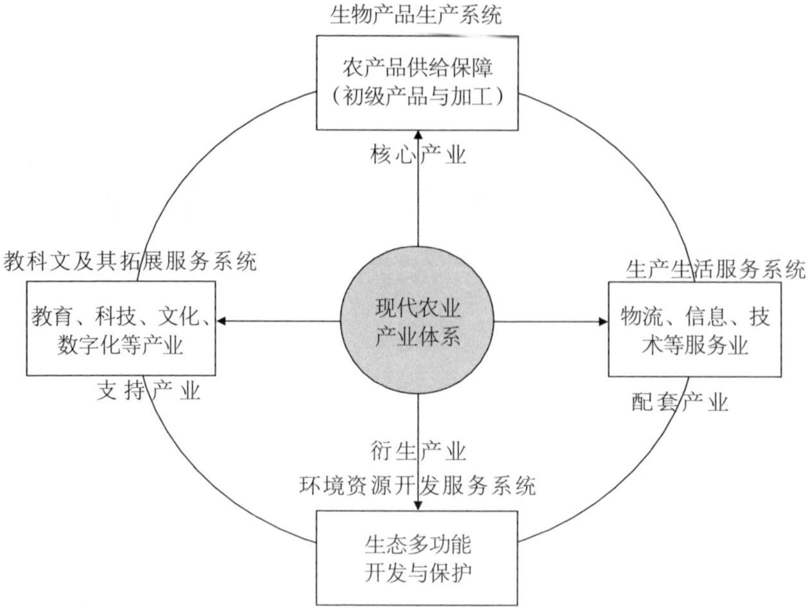

图 6-1　现代农业产业体系的结构

入分析，可将现代农业产业体系划分为四类产业，即由生物产品生产系统构成的核心产业、由生产生活服务系统构成的配套产业、由教科文及其拓展服务系统构成的支持产业、由环境资源开发服务系统构成的衍生产业。这四类产业的划分是相对的，在一类产品或服务中，往往凝聚了多个产业系统的技术平台、文化与生产实践的成果。各系统可进一步细分为若干子系统（图 6-2）。

构建现代农业产业体系，就是要在布局种养加、一二三产业结构的同时，分析产业体系各环节的增值空间和价值开发路径，对接区域现代农业发展的上位规划，以提高农业整体素质、功能及可持续发展能力为目标，以有效的财政支农政策为保障，加强农村一二三产业融合发展，加快发展农业特色产业，提高核心产业、配套产业、支持产业和衍生产业的规模、效益、匹配度与融合度。

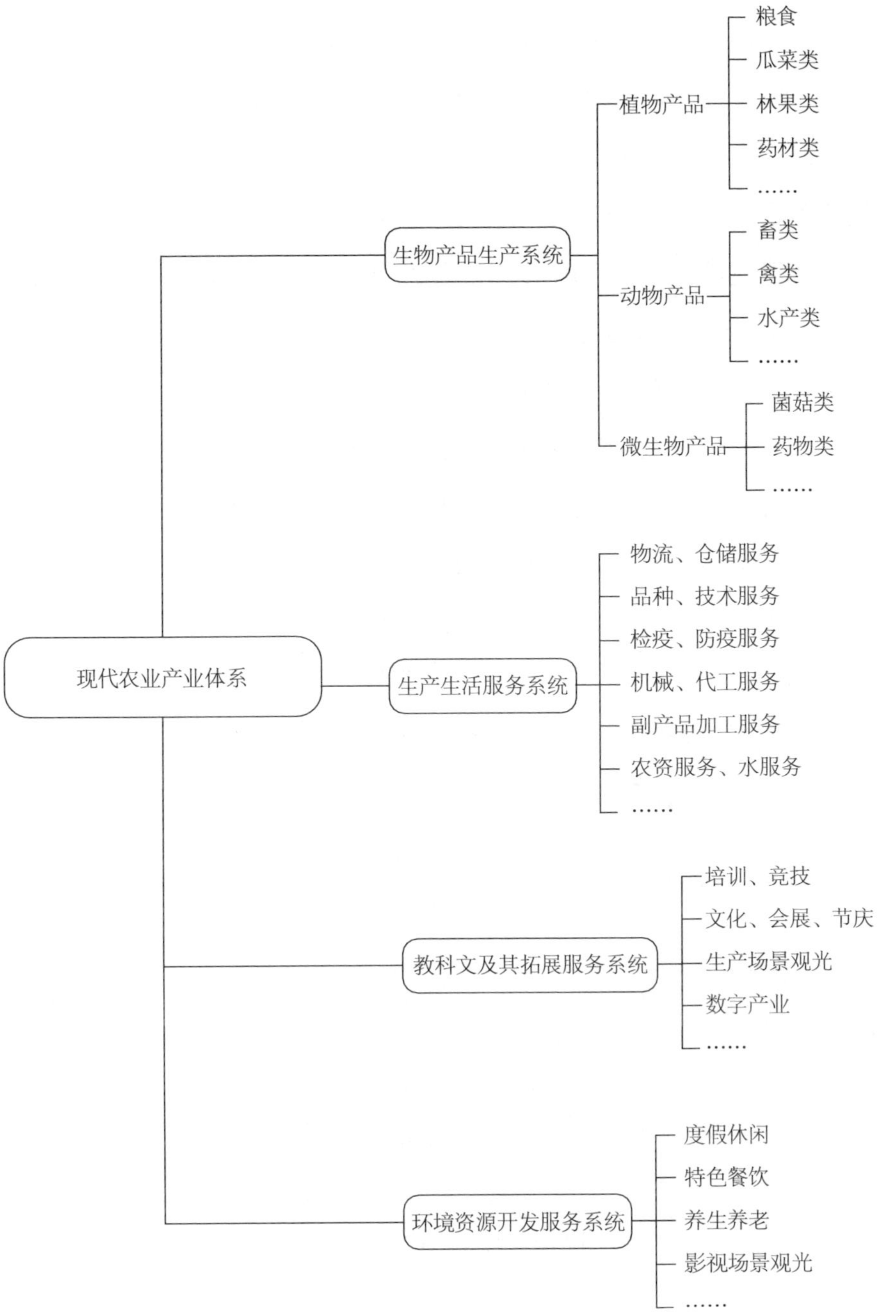

图 6-2　现代农业产业体系的构成系统

（二）生产体系

现代农业生产体系是指在农业生产领域，由若干系统构成的某类产业整体，属产业经济学范畴。生产体系一般包括投入系统、生产系统（包括初级产品生产系统与加工产品生产系统）、产出系统与保障系统（图 6-3）。这四类系统又可分为若干子系统（图 6-4）。

构建现代农业生产体系，就是要科学调配投入系统的资源，遵循创新、协调、绿色、开放、共享的原则，以高效率、高质量、高效益产出为目标，以满足市场多元化需求为导向，以生态环境保护为前提，以优化产品结构为抓手，优化升级种植、养殖生产及其加工体系，倒逼投入系统优化要素供给质量与供给结构，发挥投入系统资源要素的最大产出效应，提高农业综合生产能力与抗风险能力。

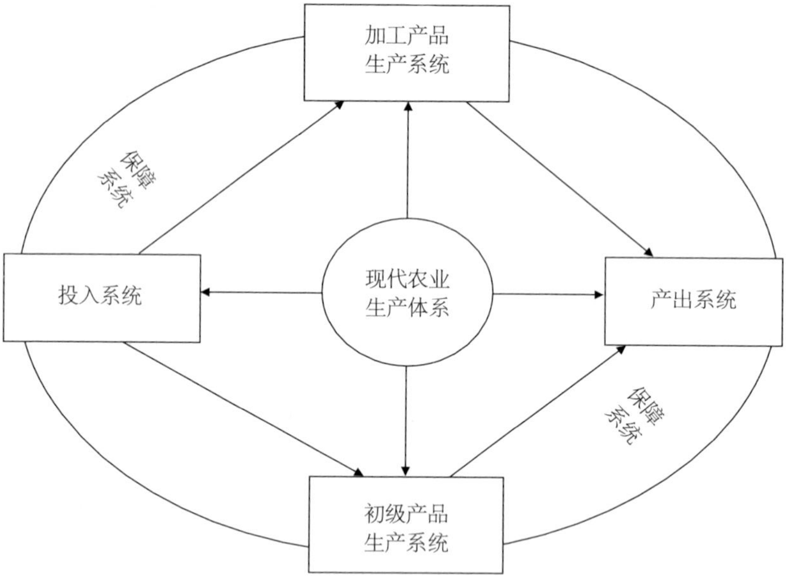

图 6-3　现代农业生产体系的结构

（三）经营体系

党的十八大提出，“构建集约化、专业化、组织化、社会化相结合的

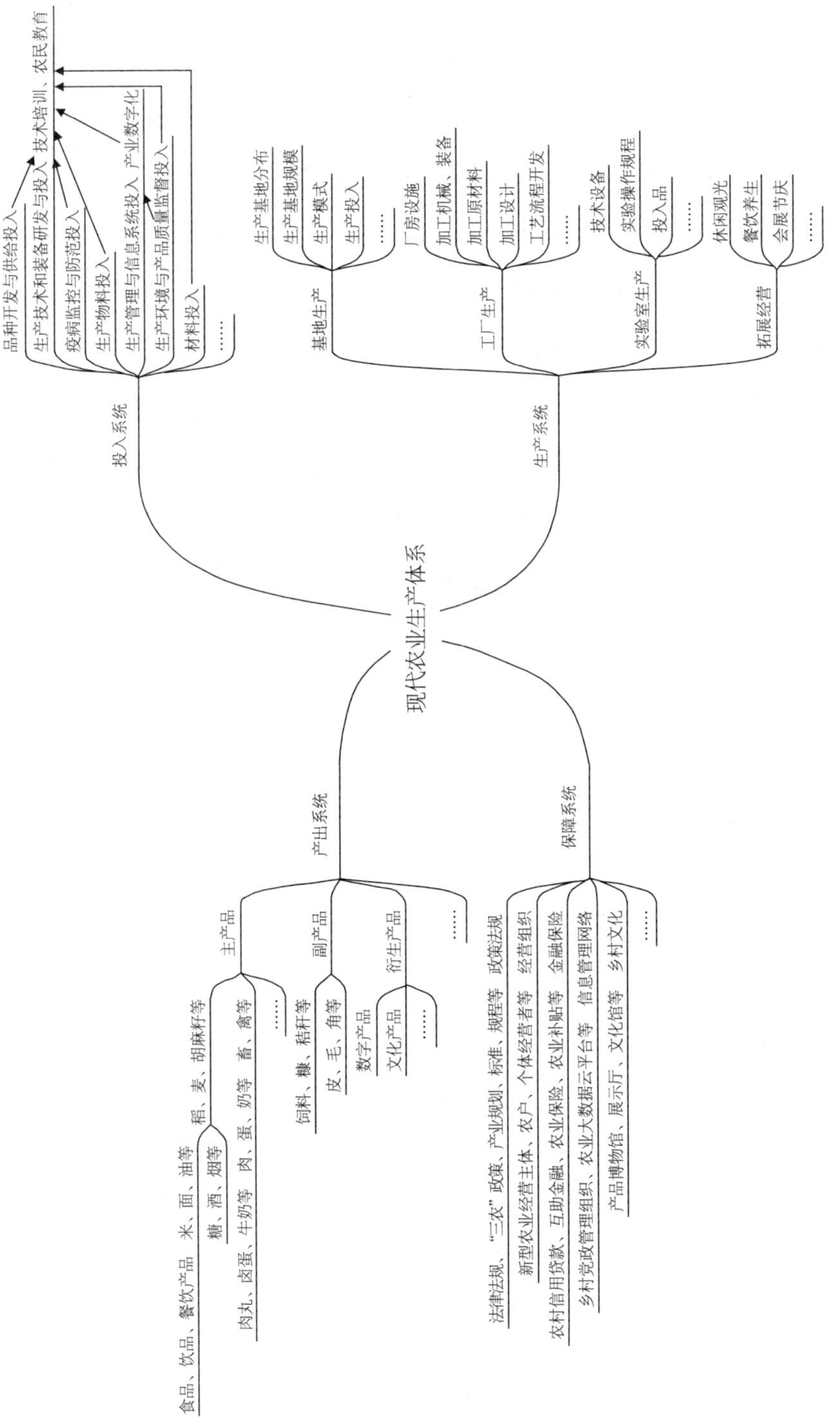

图 6-4　现代农业生产体系的构成系统

新型农业经营体系”。现代农业经营体系是从市场经营的视角谋划农产品（生物产品）从研发、生产到终端消费全过程的物流与循环，它是由若干系统构成的货物流转与服务的整体。其目标是便利、高效、精准对接供求双方的利益诉求，平衡区域性农业生产和全域性农产品消费、季节性农产品供给与周年期食物需求的关系，协调农产品易腐性与耐储性的矛盾，满足社会生活、生产与生态环境保护的需求。

笔者从供给、需求、市场与消费四个维度（图 6–5）对现代农业经营体系的构成进行剖析，将其归纳为四个子系统，包括组织系统、供给系统、要素系统和支撑系统（图 6–6）。组织系统又细分为新型农业经营主体、现代职业农民、市场主体和监管主体等。供给系统要统筹供给产品（商品）的结构、数量、质量、来源与价格等，适应市场需求，进行结构性调整，促进产品提档升级。要素系统要适应需求侧结构调整的需要，不断推进农业农村改革，优化要素资源的配置，以利益共享为核心创新农业适度规模经营模式。支撑系统作为纽带，以组织化经营提升要素资源的综合性整合、专业化分工与集成化利用的效率。

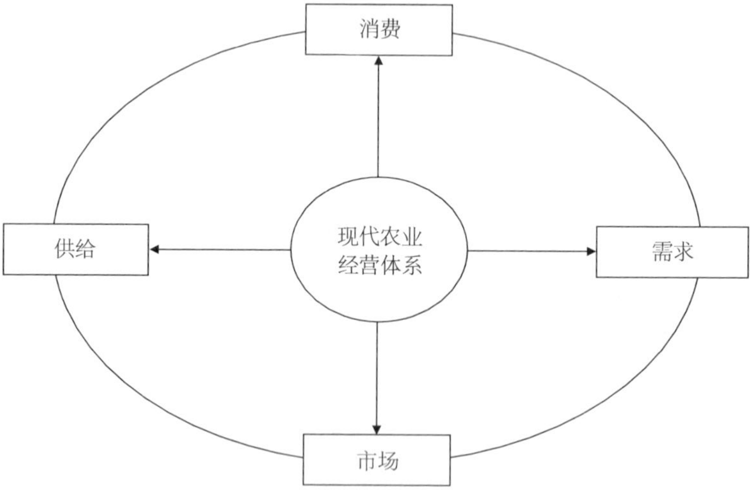

图 6–5 现代农业经营体系的结构

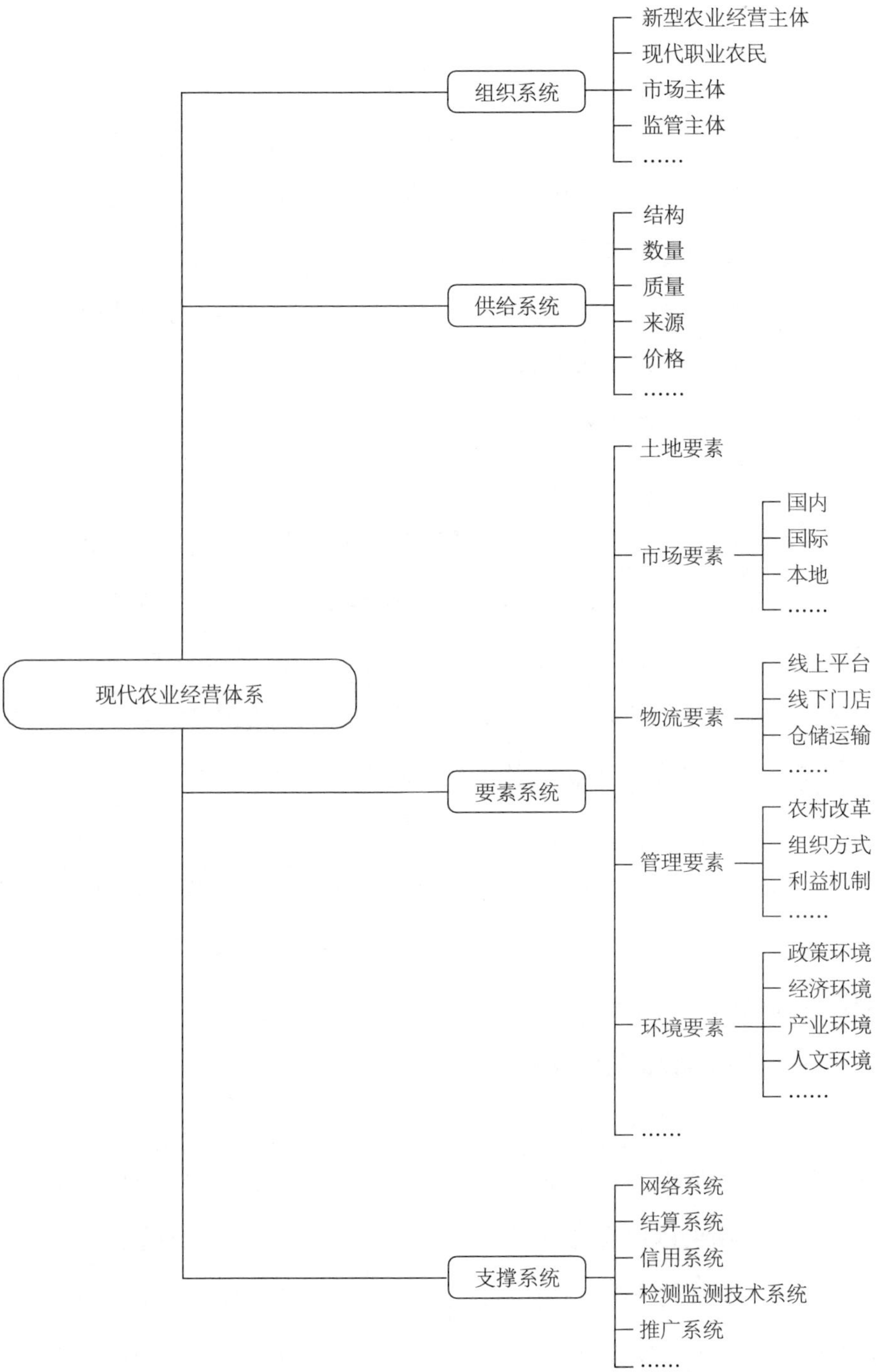

图 6-6　现代农业经营体系的构成系统

（四）现代农业“三大体系”的逻辑关系

现代农业“三大体系”不是独立存在的，不能截然分割，而是一个相互关联、相互交叉、相辅相成的有机嵌合体，只是侧重的视角不同，目标、任务各有重点。产业体系要从生活安全、食物安全、生态安全、市场安全和经济安全的角度统筹网络化管理与投入要素的配置。生产体系要为安全生产目标精准配置资源要素，从数量、质量与结构方面保障产品高效生产。经营体系贯穿从生产到终端消费全过程，因此，经营体系对产业体系与生产体系具有渗透力，强化着一二三产业的融合性。

二、现代农业“三大体系”理论与乡村产业振兴的实施维度

以上分析可以明确，产业体系从区域维度揭示了现代农业发展需要建设的内容，生产体系从产业维度揭示了现代农业发展需要建设的内容，经营体系则从市场维度揭示了现代农业发展需要建设的内容。现代农业“三大体系”理论对乡村产业振兴具有普遍指导意义。因此，分析现代农业“三大体系”的逻辑关系，结合乡村产业振兴实施的主体系统和市场系统，可推理乡村产业振兴的重点是提升“五大系统”的运行质量与效能，即培育高质量主体系统、提升高质量服务系统、优化高质量产出系统、完善高质量支撑系统、配套高质量保障系统（图 6–7）。

（一）培育高质量主体系统

乡村产业的主体系统包括供给主体与需求主体，对应现代农业“三大体系”的主体系统则包括管理主体、生产主体与流通主体，即由政府、农民与相关市场主体构成的组织网络。多元主体之间因产业链分工、愿望、目标及利益诉求的不同，在协同运行中会存在各种冲突，因此，培育高质量主体系统，就是要通过有为政府的管理，协调各主体之间的矛盾和利益关系，规范市场行为，建立诚信经营的良好机制，把内耗降到最低，使组

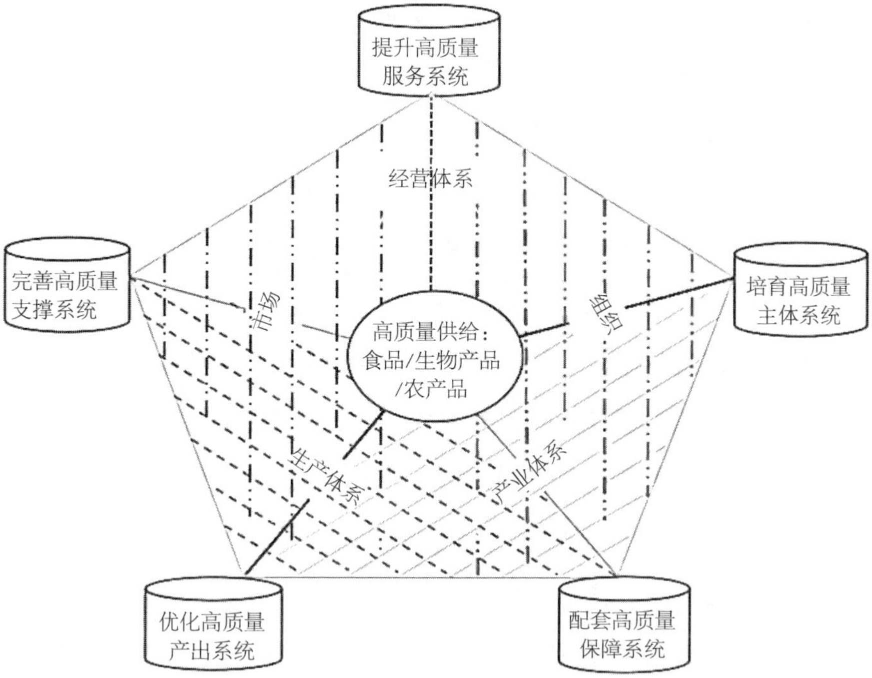

图 6-7　现代农业“三大体系”逻辑关系示意图与乡村产业振兴“五大系统”

织运行效率与产业系统的功效最大化，提高市场竞争力。通过促进供给侧与需求侧结构性改革，协调多元主体的差异化需求，满足政府粮食安全、农民增收、企业增效、乡村繁荣、人民康乐等美好期待。

（二）提升高质量服务系统

提升高质量服务系统，核心是树立“为人民服务”的思想，实现“以人为本”的乡村产业服务价值。服务系统根据属性可划分为生产服务型、生活服务型及综合服务型。服务系统在产业体系和生产体系中主要体现为要素（如品种、技术、机械、人力、农业生产资料等）投入服务和农业教育等拓展服务；在经营体系中主要体现为供给的保障服务和需求的管理服务等；此外，还体现为农村环境资源的开发等服务。总括现代农业“三大体系”的服务系统所形成的服务产业类型，可分为以下四类：

（1）要素服务型，如农业技术开发和应用服务、新产品推广服务、农机服务、投入品供给服务与培训服务等；

（2）物流服务型，如仓储、（冷链）运输、电子商务、网络营销和货物市场贸易服务等；

（3）环境资源开发服务型，如乡村旅游、休闲康养、会展、路演、科普体验、生产观光、文体拓展等服务；

（4）产品开发服务型，如餐饮、体验消费、直播+社群营销、基地（标地）认购等。拓展多元的服务领域，不但能够拓宽和延长产业链，完善全产业链开发服务，提升价值链经营效益，而且有利于拓展农民就业增收的渠道。

（三）优化高质量产出系统

丰富而多样、规模且安全的产出系统是产业体系建设的核心目标；高效率、高质量、低消耗的产出是生产体系建设的主要任务；便利化、高质量进行产品交换是经营体系建设的主要内容。因此，构建并完善现代农业“三大体系”对提升乡村产业产出系统的功能具有重要意义。

乡村产业产出系统的功能：一是夯实粮食安全的基础；加强粮食生产功能区和重要农产品生产保护区建设，确保粮食面积稳定、产能稳步提升；建设高标准农田及农产品生产基地，增加绿色优质农产品供给。二是提高农产品供给水平。在保证数量的前提下，主要保障高品质粮、油、肉、蛋、奶、菜、瓜、果、鱼、药及绿色食品等的供给。落实藏粮于地、藏粮于技战略。三是促进健康水平提高，主要体现在中药材、生物制药及功能物质开发方面。四是提高生活品质，主要体现在花卉园艺、优美环境、观光基地及文化与科普教育基地建设、优质生活服务等方面。五是提高耕地地力，通过种草种豆、轮作休耕等方式，促进四荒地（荒山、荒沟、荒丘、荒滩）利用及耕地修复。

（四）完善高质量支撑系统

构成乡村产业支撑系统的子系统包括平台、人才、信用、网络四个方面。

（1）平台系统，包括科技创新平台（如研发机构、试验基地、实验室）、生产和经营平台（如基地、车间、交流和推广的载体、交易市场等）。

（2）人才系统，包括管理人才、经营人才、科技人才、技能人才及社会服务人才等。

（3）信用系统，核心是要建立和完善经济活动双方“信”与“贷”的关系，即建立在法律法规与契约基础上的行为约束与互信管理机制。乡村产业信用系统的主体包括政府、各类市场主体及相关个体，因此，建立完善信用系统也是乡村振兴的主要目标之一。

（4）网络系统，即乡村基础设施网络，包括水网、电网、路网、通信网、金融网、互联网、物联网、天然气网、商业网等。

（五）配套高质量保障系统

建立和完善乡村产业的保障系统是促进“三农”工作健康发展的重要前提。自 1993 年《中华人民共和国农业法》颁布以来，农业的支持保护体系逐步建立和完善，并在新时代农业发展的实践中取得了重大成效，国家采取财政投入、税收优惠、金融支持等措施，从资金投入、科研与技术推广、教育培训、农业生产资料供应、市场信息、质量标准、检验检疫、社会化服务、风险保障以及灾害救助等方面，扶持农业生产经营主体发展生产，提高农民收入水平，有效推动了创新驱动、乡村振兴等战略的实施，取得了全面建成小康社会的历史性成就。

近年来，国际上地缘政治冲突不断，加剧了经济竞争的不确定性，导致农业生产与粮食安全的风险不降反增，强化农业支持保护体系建设尤为关键。因此，配套乡村产业的高质量保障系统，就是要强化支持性政策保障、科技服务保障、水土资源等供给保障，促进基础设施升级，提升气象、市场、生物安全风险预警服务及政策性保险保障水平，强化对弱势家庭的救助及相应的资金投入保障，形成全社会助农、惠农、强农的投入机制，全面落实乡村振兴战略和国家粮食安全战略。

第七章　乡村产业振兴“五大系统”的“11 字战略”

基于前一章乡村产业振兴“五大系统”的总体分析，通过归纳、演绎、分析，抽丝剥茧，基于系统归属、网络属性、标识字、战略目标、价值元素、振兴路径等逻辑分析，进一步确立了乡村产业振兴 11 个维度的战略，即“11 字战略”，如表 7-1 所示。

表 7-1　“11 字战略”的内涵与路径

系统归属	网络属性	标识字	战略目标	价值元素	振兴路径
主体系统	组织	合	组合化	同向、契约、协同、协作、包容、联营、共享、互助、互监	培育高素质新型经营主体带头人；完善龙头企业+合作社等利益联结机制；壮大村集体经济组织；培育乡村管理人才和经营人才；吸引各类人才返乡入乡、创新创业；挖掘乡村好人好事；完善乡村信用体系建设与管理机制
服务系统	餐饮	安	安适化	安全卫生、丰富多样、特色鲜明、便利适口、营养合理、品牌联营、智能高效	文化理念、就餐环境、餐饮产品、服务质量等提档升级；拓展体验消费、直播+社群营销、基地（标地）认购等；推广套餐式、定制式、人份餐、智能化加工与服务
	康养文旅	暖	文化化	专业服务、特色展示、暖心享受、文明传播、价值收获	拓展乡村旅游、休闲康养、会展、培训、科普体验、生产观光、体育运动、文创、文化展演等第三产业

续表

系统归属	网络属性	标识字	战略目标	价值元素	振兴路径
服务系统	流通	信	便利化	诚信、精准、便捷、安全、悦目	精量流通，诚信服务。仓储物流、冷链运输、电子商务和货物市场贸易服务便捷高效
	要素	配	适配化	数量充足、结构合理、质量达标、绿色生态、品牌规模、供给多元	加强顶层设计；加快农业全产业链大数据建设，开发智慧农业决策管理系统；完善农业投入品登记准入管理；创建星级社会化服务组织；强化农业技术开发服务、新产品推广服务、农机服务与培训服务等，促进社会服务广覆盖、全方位、低成本；强化绿色农业投入品产业与新发展格局的引领作用
产出系统	种养生产	保	保有化	数量充足、种类丰富、品质安全、生态安全、经济安全、产业安全	规划粮食功能区、肉蛋奶渔菜瓜果药保护区；优化生态园林区布局；规划发展新业态服务区；优化粮食、牧草和瓜菜等种植业功能区的生态型防护林结构；在非耕地建设宽林带或天然植被恢复区，结合新一代大林网农田防护林建设，培育林草产业，开发林草产品
	加工生产	品	品牌化	数字化精细加工、品牌化系列生产、观光化体验消费、文化化休闲食品包装	品牌化规划、定位与设计；标准化、系列化加工生产；精品化个性定制；规模化批次生产；场景化营销推广；礼品化简约包装
支撑系统	科技	用	产业化	适用化、现代化、数智化、便利化、机械化	研发投入精准适配；创新体系高效运转；科技创新自立自强；推广体系配套高效；各类人才充足活用
	基地	适	宜机化	规模化或景观化、生态化	种植基地：大宗产品基地规模化、生态化；小众（特色）产品基地园艺化、景观化 养殖基地：生态化、观光化与体验式
	基础设施	通	高级化	体系化规划、网络化建设、动态化监测、数字化预警、可视化服务	统筹水网、路网、电网、通信网、金融网、互联网、物联网、天然气网、商业网、展宣网等乡村基础设施网络建设
保障系统	资源	绿	生态化	集约化、精准化	产销对接、交易便利、众筹调配、托管共享、资源活用、供给保障、政策保障

一、主体系统——“合”战略

乡村产业主体系统是由各类产业生产经营主体构成的组织网络，其发展目标是组合化，即形成合理、合作、合力、合适、合约、合用的功能体系，以组织化的协作支撑产业发展与乡村振兴战略实施。

路径：基于新发展理念，达成融通共享的价值共识，建立既分工又协作、资源众筹化、资产股权化、管理民主化、风险分散化、利益共享化的主体系统。围绕区域乡村振兴的共同目标，各类主体在乡村产业链的不同节点上分工协作，通过“合”战略，实现组合化，共创价值链，共享利益链。

具体措施：培育高素质新型经营主体带头人；激活乡村资源要素；完善龙头企业+合作社等利益联结机制；壮大村集体经济组织；大力培育乡村管理人才和经营人才；提高基层组织治理水平；完善产业化经营的组织管理体系；吸引各类人才返乡入乡、创新创业；加强乡村文化建设，挖掘乡村好人好事，开辟“乡贤榜”“能人榜”“创新创业标兵”等宣传阵地；完善乡村信用体系建设与管理机制；共建农业产业品牌。

二、服务系统——“安”“暖”“信”“配”战略

乡村产业服务系统包括产品供销服务、餐饮服务、康养文旅服务、仓储物流服务、信息服务与金融服务等。

要使乡村各类服务系统安全有保障，就要建设相应的温暖人心的民生工程，就必须以信用为担保，适时适度满足客户生产、生活与发展的需求。

（一）“安”战略——以餐饮业为例

安全是服务系统的基本保障。餐饮业作为农业、手工制造业、综合服务业、工业与文化艺术业等的复合型产业，特别是作为农产品消费的终端环节，在引导一二三产业融合及城乡融合，促进国民经济各产业，特别是农业产业高质量发展方面具有重要作用。“民以食为天，食以安为先。”

餐饮消费在社会消费中占有极为重要的地位。无论是在家庭、集体还是商业环境中，餐饮的安全化、舒适化、特色化、便捷化、营养化、高端化都是人们追求的目标。

目标：满足人们对餐饮安全卫生、丰富多样、营养合理、适口便利及赏心悦目等需求，即安适化。

路径：以绿色消费理念为引领，舒适就餐环境为支撑，个性化、高品质、组合化餐饮产品开发为核心，优质餐饮服务为保障，拓展体验消费；推广生鲜食材“直播+社群营销”模式；数字赋能餐饮产业，建设中央厨房、智慧餐厅，营养配餐，全面促进餐饮业提档升级。

（二）“暖”战略——以康养文旅业为例

“暖”是服务业的核心价值。康养文旅服务需要凝聚旅游文化、生物基础研究与中医药学研究等成果的精髓，开展绿色高质量生产，为人们提供旅居、疗养、健美、文娱、科普体验等相关产品或服务。消费体验决定着康养文旅服务产品与服务模式的生命力与竞争力，只有让消费者享受到暖心的服务，才能激发消费者的消费意愿，赢得消费者的口碑，提高康养文旅服务品牌的影响力与经营效果。

目标：丰富人的精神文化生活，使消费者获得暖心享受的幸福感与价值上的获得感；创造更多就业岗位，拓宽农民增收渠道；高效利用自然地理空间及生产生活资源，创新服务产品，扩大收入来源。

路径：树立农、工、文、旅、教、商等多视角、深层次、宽领域的融合发展理念，基于需求导向，统筹分析县域内山、水、林、田、湖、草、沙、冰等产业和文化等特色资源发展的现状与优势，优化县域康养等服务业发展的顶层设计与系统规划，围绕产业优势、文化铸魂、观光康养、服务品牌建设等目标，推进农、工、文、旅、商等融合发展，通过各类服务主体协同化的专业服务，促进文化文明传播、特色产品和文化展示，打造

"文旅驿站""康养之家""生态乡村""现代产业观光""寻根畅游""文明览胜"等服务业载体，完善线路设计、产品组合与经营模式，发挥专业化与综合化经营优势，促进乡村资源转化为经济优势，拓宽农民增收渠道。

(三)"信"战略——以流通服务业为例

"信"是服务业的根本遵循，是流通服务网络的命脉。流通网络中广泛涉及物流、资金流和人流，如果没有信用、信誉的支撑，流通服务业将是无本之木。2021 年，《中共中央、国务院关于全面推进乡村振兴加快农业农村现代化的意见》提出，要深化供销合作社综合改革，开展生产、供销、信用"三位一体"综合合作试点，健全服务农民生产生活综合平台，明确强调了生产经营体系中的信用体系建设。

目标：完善现代商贸物流平台系统，完善社会信用体系建设，促进流通服务标准化、便捷化、高效化。

路径一：完善现代商贸物流平台系统，包括内外贸易货物流转的仓库、场站、交易或中介市场等，设计丰富的应用场景，融合信息、交通、通信等新技术，配套交通、网络、电力、通信等基础设施，解决好农产品流通最初一公里与最后一公里问题，打通阻碍国内大循环与国内国际"双循环"的基础设施的堵点与死角，促进农业产业链、供应链升级。流通服务主体从数量、规格、保鲜保质、时间、空间等维度，建立质量安全、数量精准、包装绿色悦目、便捷运转、高效流通、售后安心的诚信服务行业标准。进一步完善应急物流网络，做好相关人力、物资储备，完善物流和冷链系统，增强流通体系的弹性、韧性和稳定性。

路径二：贯彻落实中央一号文件精神，落实《国务院关于建立完善守信联合激励和失信联合惩戒制度加快推进社会诚信建设的指导意见》和《关于推进行业协会商会诚信自律建设工作的意见》等文件要求，完善社会信用体系建设，做到交易对象的社会信用可查询，产品流通过程可追溯，稳定交易预期、增加交易机会，提高农业生产要素的交易效率，提高农业经济的运行效率。建立市（县）域内共享的链接国内外的涉农信用信息数据库，建成比较完善的新型农业经营主体信用体系。涉及社会信用体系建设的财政、税务、公安、人社、工商、司法等部门，协同联动，群策群力，让恶意失信者失去市场。

（四）“配”战略——要素服务的关键

“配”即“适配化”，是要素服务网络建设的重要目标。在乡村产业体系中，要素供给的时间、数量和质量直接影响产业经营的质量、效率与效益。除人力、平台、管理、技术和资金等要素供给之外，要素服务还涉及农业生产经营的投入品保障服务，包括种子、种苗、肥料、农药、兽药、饲料及饲料添加剂等农用生产资料和农膜、农机、农业工程设施设备等物资装备的供给服务。

目标：高效对接产业化、品牌化经营目标和产品标准，高效配置与之相适应的要素组合。

路径：加强顶层设计；加快农业全产业链大数据建设，开发智慧农业决策管理系统；完善农业投入品登记准入管理及供销社直采直供保障服务体系建设；进一步创建星级社会化服务组织；强化农业技术开发服务、新产品推广服务、农机服务与培训服务等，促进社会服务广覆盖、全方位、低成本；建立负面清单管理机制；完善品牌供货商产品目录管理，强化绿色农业投入品产业与新发展格局的引领作用。

三、产出系统——“保”“品”战略

产出系统主要包括初级产品与加工产品生产体系，贯穿其中的重要战略是保供给、保品级，体现的是数量保障、品种支撑、品质安全和品牌增效。

（一）“保”战略

“保”是农业种养生产永恒的目标。种养业农产品供给安全对保障民生改善与社会经济安全具有无可比拟的重要作用。“保”战略即“保有化”：一保食物数量与质量安全，要保有粮食与饲料生产功能区，统筹肉、蛋、奶、菜、鱼、果、瓜、药等产品的生产保护区。二保生态安全，要在保障基本口粮与食物安全的前提下，发展区域特色产品，优化布局生态园林建设区。三保经济安全与农民增收，基于农林牧渔等产业资源，因地制宜，规划和开发“产镇融合”“产城融合”“三产融合”“产学研融合”等新产业形态、新服务载体，加长拓宽产业链，促进产业升级，拓宽农民增收渠道。四保产业安全，要保护耕地，守住基本农田红线；选择合理的种养结构、耕作模式，实行轮作倒茬、草畜循环、用养结合，培养活化土壤益生菌，合理施肥与灌溉，不断培肥地力，提高土地生产能力与生态价值。

（二）“品”战略

“品”战略即品牌化战略。品牌化战略是一项系统工程，战略规划与建设内容包括战略管理的主体、建设主体、建设原则、品牌基因、品牌价值、品牌设计与品牌定位（包括品牌的文化、产品、名称、形象、市场、渠道、模式等定位）。

“品”战略实施的关键在于设计与加工。农产品加工是提高初级农产品耐储性、商品性、流通性、多样性、高端性、经济性、文化性，以及周年保障性和区域调配性等功能的重要环节，也是品牌设计的重要依据。加工生产作为品牌建设的关键环节，不但倒逼第一产业相关环节实施标准化、绿色化生产，还延伸至三产环节的标准化流通服务。品牌建设主体要通过精准定位、精确设计、精益生产、精细管理、精量流通、精诚服务，提升品牌建设水平。区域品牌建设要以龙头型市场主体为带动，全产业链升级打造产业主体集群，全区域推广维护，促进全价值链区域共建共享。

“品”战略实施的主体主要是产业主体的集群，政府对促进品牌建设具有重要支撑作用，由此构成品牌联合主体，即政府（协会）+集团公司（企业）+合作社（农民）。品牌联合主体应严格绿色农产品及食品的加工标准，以强化区域品牌建设为动力，以数字化建设赋能智慧化加工，精准对接原料与市场需求，基于品牌价值设计品牌形象、产品规格与包装等；统筹主产品、副产品和废弃物加工，兼顾主食化加工与功能成分加工，兼顾观光化、定制化需求；在区域公用品牌或区域优势资源支持下，创造出丰富的产品品牌、企业品牌及服务品牌，从而壮大产业品牌和区域品牌。

四、支撑系统——“用”“适”“通”战略

构成乡村产业支撑系统的要素包括科技、基地和基础设施。

（一）科技支撑“用”战略

“用”战略即农业产业全要素科技化战略，指以科技自立自强促进产业基础稳固、产品安全保供、产业经济高质高效，以科技创新促进农业农村现代化。主要战略任务是：提高优良品种的培育效率与国产化率；引导和支持科技研发主体开发高效的绿色种养业生产技术，开发各类农产品加工技术与设施装备等，提升技术要素的支撑力。政府要加大对农业科技创新资源的投入，加强共性关键技术及其相关基础理论的科研，加强技术推广，聚焦产业集群式发展的战略目标，培育整合科技创新资源要素，建立完善农业研发、推广、质检与科技培训等创新平台，完善农业科技创新体系与农业技术推广体系建设。

（二）基地支撑“适”战略

“适”战略即打造适宜的生物产品生产的基地网，如促进种植业基地

的宜机化、规模化、景观化、配套化建设，以规模化种植基地的最小面积 2 hm^2 作为家庭农场的最低标准，小农户通过土地流转或合作经营方式实现规模化生产。以村镇规划为基础，以新型农业经营主体为带动，统筹各类基地建设。大田作物种植基地实现单品生产规模化、多元种植拼图化、轮作倒茬流程化、田园风貌景观化等。设施生产基地建设注重环境的智能化、绿色化与便利化等。林果基地建设注重景观化、生态化与数字化，形成适度规模单一树种种植、多树种间植、林草间种等模式，注重林分结构与景观塑形，实现春季赏花、夏季休闲、秋季采摘、冬赏雪景、四季写生及摄影录像等功能，开发庆典摄影等文化产品与旅游服务产品，拓展田头直销、树木认育等经营模式。瓜菜等园艺基地突出花园化的产品设计、景观设计、生产设计与科研设计，种出特色、种出美景、种出产品、种出效益。

养殖基地注重数字化、生态化、高效化和安全化建设，利用设施养殖与自然牧场的优势，在一定区域、特定季节开展农田休耕轮牧、草场控制轮牧等试点试验。

（三）基础设施“通”战略

目标：完善支撑乡村发展的硬件设施，促进乡村基础设施高级化、配套化。乡村基础设施建设要统筹乡村产业、乡村生活、社会事业等基础设施，广义范围包括水网、路网、电网、通信网、金融网、互联网、物联网、天然气网、商业网等基础设施网络，具体体现为农村水利、道路、高标准农田、乡村物流网络、网络通信与信息系统等基础设施的建设。

路径：通过体系化规划、网络化建设、动态化监测、数字化预警、可视化服务，促进乡村基础设施网络安全稳定运行，高效化、集约化和便利化服务。如农产品冷链物流基础设施建设，以促进生鲜农产品的流通与保鲜为目的，着力提高冷链物流服务水平，强化冷链物流基础设施、农村物流网点与冷链物流网络体系建设，提高用户信任度和利用率，促进农产品物流增值，推动现代物流产业发展。

五、保障系统——“绿”战略

“绿”是安全、无毒无害无污染的标志。农业生产的自然资源包括水、土、气、光、生物等，生产资料包括种、肥、药、膜、管、器、技、数等，加上人力、资本、市场与管理，统括为生产全要素。

“绿”战略的目标是：在自然资源约束趋紧的条件下，提高农业生产全要素的利用率、生产率与产出率，发展绿色农业。具体而言，一是优化各种生产要素的供给结构、质量、数量、来源、渠道、主体及供给服务等，以最大限度满足现代农业生态化、集约化、规模化、机械化与品牌化的需要。二是加强对农业资源要素安全性的监测与监管，畅通其流通渠道，完善其供给保障模式，促进农业资源有效配置与高效利用。三是注重生产资源与文化资源、组织及人力资源的耦合，秉持绿色发展理念开发活用绿色资源。

路径模式：一是内源式发展的乡村资源活用模式。如山东省寿光市“资源内生、文化认同、组织动员、市场开拓和服务优先”的要素开发模式。二是基于股权改革的“三变”（资源变资产、资金变股金、农民变股东）杠杆模式。如“十三五”以来，各地探索的壮大村集体经济的“三变”改革，以“三变”为杠杆，撬动盘活农村土地资源、推动产业兴旺。三是党建引领的保障模式。即党支部领办合作社激活乡村振兴的新动力，实现了农民富裕，产业兴旺，村集体增收，打通了农村造血大动脉。四是文化产品引流模式。如湖北省老河口市以木版年画重构村容村貌，结合自然资源优势，打造具有“非遗”特色的网红乡村打卡点；借助校企合作，与高校美术、电商等专业合作，开发年画制作课程，线上销售年画村旅游产品；研学引流，扩大年画村影响力，用老河口木版年画激活乡村生态资源价值，促进乡村产业振兴。

电子网络的兴起和发展赋予城乡一体化新的内涵，有利于推动城乡之间资本、技术、劳动力、土地、服务等要素的优化组合，有利于激活并满足乡村社会生产力发展的资源需求。尤其是要素服务的在线化，使地处偏远的农村地区中小企业和个体经营者容易获得所需要素的优质服务，在促进企业和产业发展的同时，带动了劳动力的就业和创业。

第八章　乡村产业振兴的创新模式

一、协调发展的"五行"模式

乡村产业振兴是多主体参与、全流程设计、全链条经营、全要素投入、全方位协调、全过程管理的系统工程，可借助"五行"理论，将乡村产业振兴"11字战略"及其逻辑关系表述为"五行"模式（图8-1）。该模式的关键在于促进现代农业"三大体系"的协调、融合、匹配、自洽与平衡，以实现投入有效适度、资源充分利用、产出高效优质、经营协同有

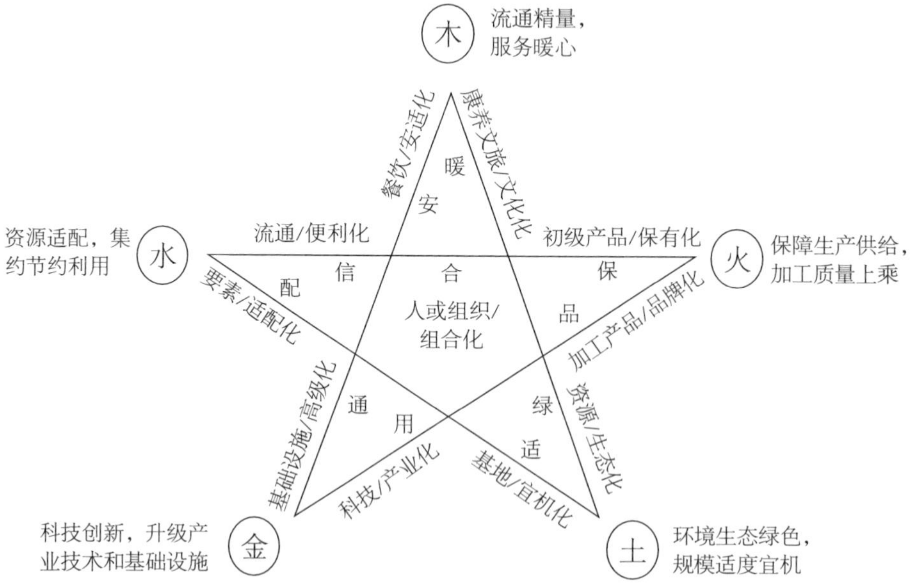

图8-1　乡村产业振兴"11字战略"的"五行"模式

序、经济稳步增长、环境友好优美、生产生活健康便利等目标。

二、全价值链经营模式——以奶产业为例

乡村一二三产业高效协调、完整配套、利益共享、平衡有序运转是产业高质量可持续发展的重要特征，也是现代农业“三大体系”高水平建设的重要体现。例如，奶产业体系包括奶牛养殖产业、牛奶加工产业、牧草种植产业、牧草加工产业，均与数据、包装、科学研究及监测等产业领域交叉。生产经营体系包括 19 个系统：资源保障系统（水、土、资金等）、圈舍环境系统、饲草种植系统、饲草加工系统（含投入品加工）、奶牛养殖系统、疫病防治系统（含药品供给）、养殖粪污处理系统、牛奶加工系统、乳品加工技术装备系统、奶产业科技创新系统、产品开发与标准化生产系统、质量检测监测系统、品牌推广与市场流通系统、产业观光及产品体验系统、健康文化系统、淘汰牛再利用系统、产业主体交互系统、终端服务与客户系统、产业信息管理系统，每个系统都具有价值增值空间。

19 个系统中，第一产业环节仅涵盖饲草种植系统和奶牛养殖系统；第二产业环节包括饲草加工系统（含投入品加工）、牛奶加工系统和养殖粪污处理系统，此环节的拓展空间和开发潜力巨大；第三产业环节涵盖 14 个系统的开发与服务，蕴含着巨大的价值潜力与创业就业机会。19 个系统环环相扣，互相支撑，可挖掘出价值不等的经营项目，配套形形色色的经营主体（图 8-2）。

如此复杂的环节及其之间的联系，如果缺乏数字资源的支撑，产业链中各次产业之间信息不对称，容易形成信息孤岛，就难以实现区域内外、产业链上下游环节之间的协调，从而影响产业体系经营水平的提高。因此，加快提高奶牛产业数智化发展水平，促进数字赋能产业全价值链经营，一体化协调发展尤为关键。

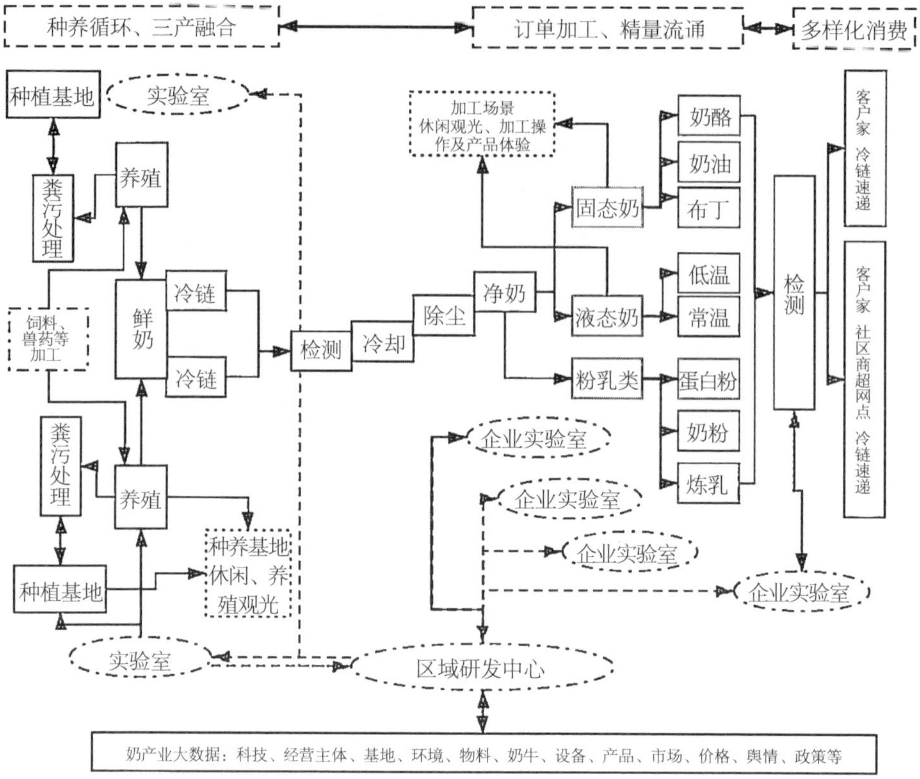

图 8-2　奶产业全价值链经营模式

如果区域经济中仅产业链中的部分环节突出且不能做到上下游环节的协调，必然影响产业体系经营水平的提高。实现区域产业的协调发展，既需要放活市场，也需要宏观经济政策的调控。市场的手既不能束缚太紧，也不能放任过度，度的把握是社会主义市场经济优势发挥的关键所在。

乡村产业振兴全价值链经营模式，即围绕种植、养殖、各类农产品加工、农业废弃物无害化处理与资源化利用等关键环节的提质增效与协调发展，配套优化生产经营体系各系统，促进乡村产业高质量发展。

三、全业态创新协同化服务模式

随着城市化及城乡融合发展，乡村经济结构不断变化，一些城郊型乡村农转非之后，农业主导型、工业主导型或商旅服务型产业资源优势不显著，或农业主导型乡村失去原有的资源优势，传统产业衰退，在乡村产业振兴中处于弱势，开发新业态的服务业尤为重要。因此，一定区域范围的乡村亟须对接上位产业规划，构建本区域现代农业升级版“三大体系”，即在区域层面，统筹供给侧与需求侧结构调整与产品服务升级之需求，从产业链、服务链视角创设新业态，以新发展理念开发协同化服务新模式，提升全业态服务价值，从而形成乡村产业振兴的创新模式。该模式的要点是以体系化、系统化、互联网思维谋划区域乡村产业振兴的项目链、新业态或新路径，激发创业创新活力，提升创新协同化服务水平（图 8-3）。

四、品牌共建共营联合体升级发展模式

围绕“品牌”这个核心要素，整合一二三产业优质资源，提升全产业链技术优势与价值效应，促进产业品牌化、特色化、精品化与高端化发展。根据品牌要素属性，结合农业相关产业的区域规划、品种布局、规模与特色等，对产业品牌进行规划布局与顶层设计。

（一）品牌建设遵循的原则

区域一体化原则：在维护品牌形象力、美誉度与忠诚度等方面，形成区域一体化共建共享的合力。

系统性原则：在规划布局与顶层设计时，注重区域品牌建设的系统性和前瞻性。产品设计要系统考虑单品、组合产品及不同产品属性、不同价位，适应不同客户群体的系列产品的设计要求。

多元化原则：一揽子考虑区域内产业门类、生产主体与品牌主体的多元化构成。

差异化原则：针对不同产品、不同客户群体，差异化设计产品标准、包装及其规格等。

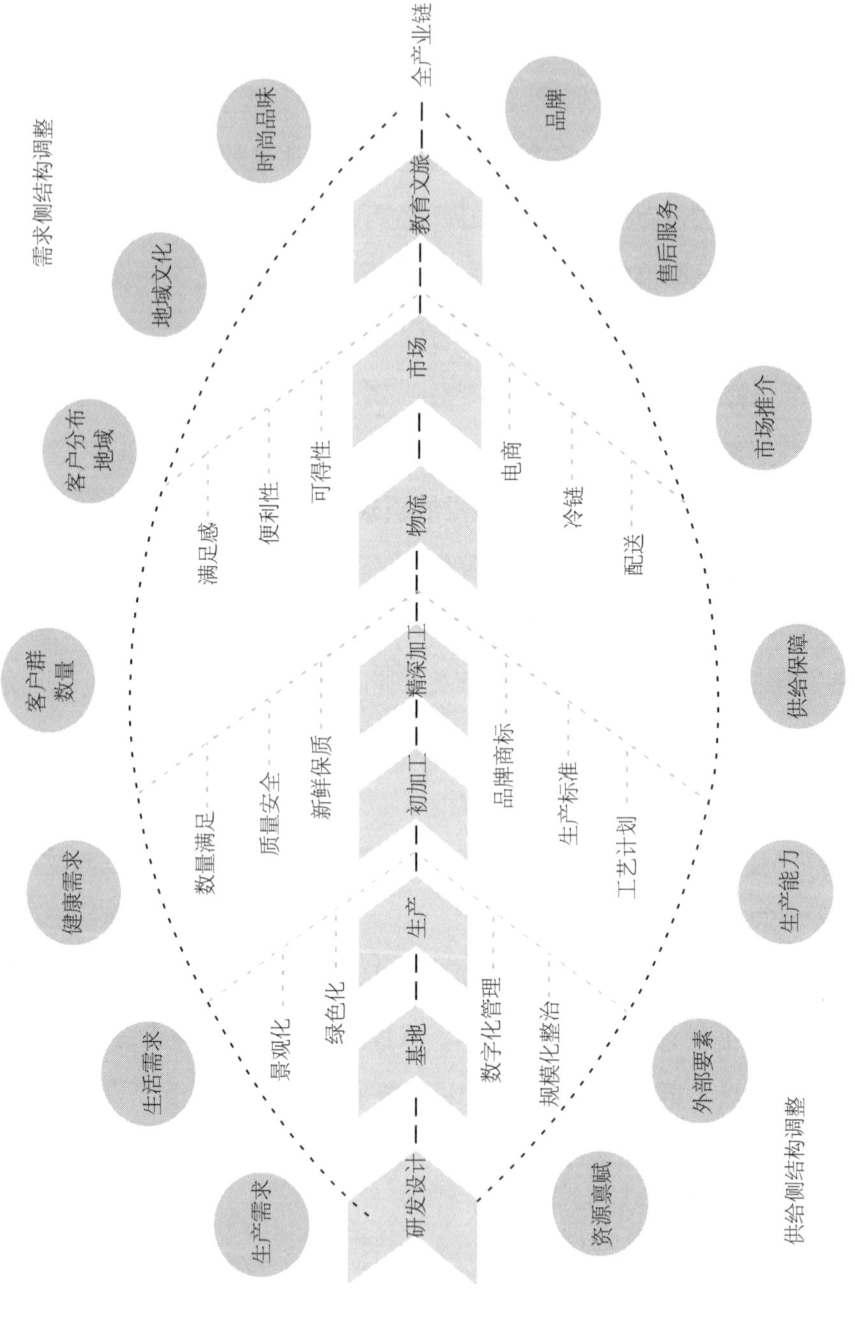

图 8-3　全业态创新协同化服务模式

协同化原则：协调多元化品牌主体，强化品牌联合体协同化功效，共同推进区域公用品牌共建共享。

集成化原则：体现在要素集成供给、产业规模经营、产品集散流通、服务集成便利等多个方面。

共享性原则：农业品牌涉及供求双方、相关产业及其组织的利益，区域公用品牌要以良好的价值承诺、高效的配套服务实现各方的利益共享，以提升品牌文化影响力、区域形象力、产业美誉度及客户忠诚度，促进品牌可持续发展。

（二）品牌定位

文化定位：品牌文化是决定品牌成败的关键所在。应充分挖掘、提炼地方历史文化、人文精神与生态文明等核心价值，使之体现在品牌冠名、品牌文化、服务理念及品牌价值中，给客户美好体验，培育更多忠诚客户。文化定位可细分为价值定位、名称定位与形象定位等。

产业主体定位：区域公用品牌是集体性的公共品牌资源，由政府、农民专业合作组织、龙头企业等各类经营主体共建共享，因此，农业区域公用品牌的主体就是由“政府（产业协会）+集团公司（企业）+专业合作社（农户）”构成的联盟（即“品牌联合体”）（图 8–4）。

产品定位：建立地方名、特、优、稀农产品名录，包括初级农产品、深加工产品及食品、饮品等，依据生产规模，优选各类产品绿色化生产基地及其生产、加工和经营的主体，建立不同类型、不同规格优质农产品的生产、加工与流通服务标准。

市场定位：基于对以往客户的分布及构成特点、潜在用户市场的调查与分析，规划各类品牌产品的目标市场。从海外市场、区外市场、本地市场或高端客户、大众消费等维度进行产品价值与形象定位，促进打通各类市场供应链，布局产品销售网络。

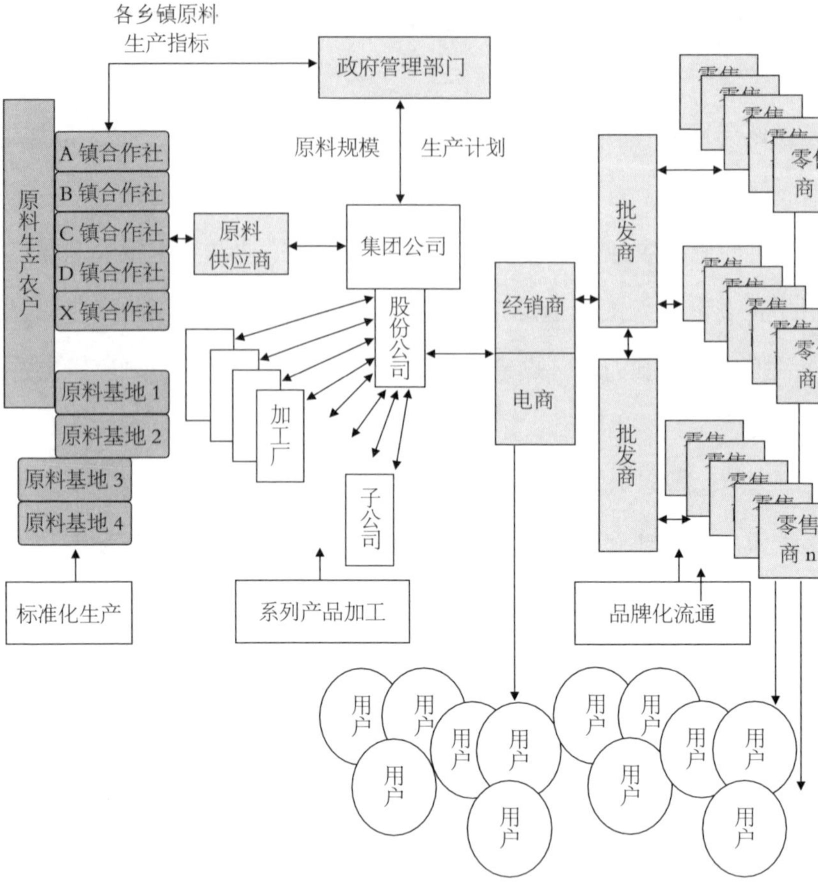

图 8-4　区域公用品牌联合体共建共营模式

（三）完善品牌推广体系

建立互联网背景下多平台、多载体、多模式的品牌推广体系，是提升品牌规模与效益的重要环节，主要包括以下四条途径。

一是产业航母途径。为通过审定并纳入本地名、特、优、稀农产品名录及新型农业经营主体名录的产品贴标，赋能本地区产业主体，带动中、小、散、优的经营主体，集成化开展品牌共建共享活动，促进区域公用品牌做优做大做强。

二是拓宽传播途径。将特定产业的品牌标识符、标识语植入多元化的实体平台或文体活动中，如制作品牌标识 logo 墙，包括实体墙、电子屏和网页等。

三是强化媒体渗透途径。加强自媒体、微平台等新型网络传播技术的应用，将特色品牌的标识符、标识语嵌入多媒体系统中，如植入影视作品、视频或音频等节目中。

四是品牌联推途径。树立优秀的文化理念与严格的行业规范，为区域品牌建设保驾护航，通过“一村（乡、镇）一品”建设，使地域名称成为家喻户晓的农业品牌、产品品牌或服务品牌。以区域知名品牌（主品牌）的质量标准为标杆，以维护区域品牌的美誉度和影响力为目标，推广同一主体的其他品牌，包括地理标志产品或区域内的其他涉农产品（副品牌），即通过主品牌的信誉为同一品牌主体生产的副品牌背书，前提是主品牌和副品牌是统一的主体，因此，品牌主体须有集体经济性质，或是具有集体经济成分的联合体，或是区域内带动能力很强的龙头企业。维护主品牌的良好市场信誉，有利于副品牌的市场开拓，可消除消费者选择的犹豫感，增强消费者选择的信心。同时，副品牌做出特色、做成精品或做成新的爆款，不但有利于主、副品牌的做大，更有利于企业品牌或区域品牌做强。因此，区域内的企业协同，各类品牌的主体向高质量方向共同努力，避免负面舆论和不当行为对区域内所有品牌、商品及产品声誉的损害，“水涨船高”式地建设和推广区域品牌，是促进区域产业品牌化发展的关键所在。

（四）建立品牌征信体系

品牌质量及其为消费者提供的利益是品牌价值的核心所在。加强对品牌及品牌主体的信息收集工作，完善征信体系建设，加强品牌产品基础数据库建设，对品牌资源的市场数据等进行采集、监测；加强舆情分析，及时掌握消费者的相关信息；及时捕捉市场侵权行为，并进行有效打击与管制。完善风险信息动态权限管理机制，根据风险类型及其危害程度，设置风险信息公开的期限，以维护品牌生产者与消费者的利益，形成品牌监管与保护的长效机制。

第九章　宁夏乡村产业振兴的战略思考

习近平总书记指出，“产业兴旺，是解决农村一切问题的前提”。加快建立现代农业“三大体系”，让更多特色农产品走向市场，是宁夏推进乡村产业振兴和农业高质量发展、促进乡村综合发展的关键举措。因此，全系统构建现代农业“三大体系”，全产业链打造三产融合工程项目，全要素优化配置产业资源，全价值链提升产业经营效益，全业态创新突破关键技术，全自动数字化生产经营管理，全方位构建政策保障体系，全力实施宁夏乡村产业振兴重大工程项目，如绿色生态农业工程项目、数字乡村与产业数字化工程、餐饮业提升工程、康养中心村示范工程，农业现代服务业升级工程与人才助农强农工程等，是宁夏推进乡村产业振兴的努力方向。

一、全系统构建现代农业“三大体系”

乡村产业基础在村，布局在县及以上行政管理部门，协调管理落实和服务在乡镇。所以，要以区域一体化、产业一体化、资源一体化的系统思维统筹布局，谋划县域现代农业“三大体系”；打造具有县域特色的优势产业板块，构建服务区域发展的平台，包括人才平台、产业发展平台、科技创新与服务平台、市场平台、传播平台、监管平台、农业金融服务与协作交流平台等，把握好宏观调控与微观放活、主导产业与小微产业、规模经营与个体经营、内部循环与外部循环、内生动力与外部借力等关系，多措并举，最大限度激活资源循环利用机制，创造区域就业岗位，建设创新型社会，提高区域产业资源的利用率、产出率和经营效率，增进人民福祉。

产业振兴的关键在于产业的选择及其结构的优化，即供给侧结构的调整。一个区域选择什么样的产业及其组合模式，要在审视国内国际两类市场、两类资源的同时，进行产业调研、甄选、确认、调整、培育、壮大、升级、融合等多个环节的长期性数据积累和分析，以做出因地制宜、因势利导并符合市场需要的预测、分析与调整，从而完善区域现代农业产业体系。针对每一类产业，分析规划其产品结构、规模、生产技术模式、上下游产业等，以优化现代农业生产体系。同时，从市场维度，围绕建立生产与供给、市场与消费的平衡关系，协调多元化新型农业经营主体等市场主体，做好产业链、价值链、流通链的市场分工与市场布局，完善现代农业经营体系。

二、全产业链打造三产融合工程项目

促进乡村一二三产业融合发展，即以平衡供给侧与消费侧的需求为目标，围绕绿色农产品的多元化生产、服务与消费，以优化农产品加工链为抓手，前展后延，配置全产业链各端或支链各环节的项目链、技术链、创新链和人才链。产业链各环节根据系统化经营目标，融合系统内部与外部的资源、产业、技术、管理与服务等要素，通过供需对接、供求平衡的市场法则，引导资源、技术、资本与管理等要素跨界配置、集约化利用、规模化经营，提高资源与产品的服务价值，提供更多就业机会，形成全产业链参与主体的利益共享机制，通过强链、增链、补链、延链、扩链、疏链等方式，不断适应供给侧与需求侧结构调整的需要，升级乡村一二三产业融合发展的产业链、供给链、创新链、流通链与价值链，促进乡村产业向着有利于生产、生活与生态协调的方向转型发展，提高乡村建设现代化水平。产业振兴的关键在于产业升级，产业升级的重点在于产业链的优化重构。

三、全要素优化配置产业资源

在社会主义市场经济体制下，要找准市场力量与政府行为的最佳结合点，发挥市场和政府在要素配置方面的优势。在市场不充分的情况下，市场的作用会产生巨大的能量，当市场的充裕度较高时，政府的调控措施则显得尤为重要。各类农业经营主体并非各自孤立，而是相互联系，且呈现出动态转化的态势。针对不同形态、不同发展阶段的新型农业经营主体，政府本着绿色、效益、效率、公平与可持续发展的原则，合理配置新型农业经营主体“五层级”价值需求所需的要素，包括管理、组织、土地、基础设施、技术与资本等，以壮大新型农业经营主体，增强其产业带动能力。

（一）优化配置管理要素

加强对农业品牌的规划，培育农产品区域公用品牌的联盟主体，助力品牌产品及品牌主体的发展。加快建设以新型农业经营主体为基础单元，覆盖农村一二三产业及乡村社会的农业农村大数据云平台管理系统，运用监测预警工具指导现代农业“三大体系”建设。结合产权股份制改革探索三产利益协调机制，激活乡村土地与人力资源，逐步完善组织化的产业体系、标准化的生产体系和网络化的经营体系。

（二）合理配置组织要素

统筹规划、规范区域内各类农业农村组织的功能架构与市场分工，建立健全各类新型农业经营主体的运行机制与管理制度，完善其经营活动、经济往来等方面的约束规则；培育高素质村集体经济组织、农民专业合作社、家庭农场、农业社会化服务组织等多元化新型农业经营主体，以壮大区域集体经济为带动，建立各类农业生产经营主体联动的组织体系，促进完善适应社会主义市场经济体制的现代农业新发展格局。

（三）激活土地要素

深化土地产（股）权制度改革，在保障农民基本权利和利益的前提下，完善农村宅基地使用权流转与市场交易机制，完善区域间“飞地”补偿机制，充分保障建设用地指标转让方的正当利益。完善零散土地规模化整治、高效化利用等集散政策和措施。因地制宜探索耕地流转补偿的多种方式，探索流转费资金现付、以物代费、“春费+秋物”等多种方式的土地流转支付机制，减轻家庭农场、合作社等新型农业经营主体在年初生产经营的资金成本压力，构建和谐的合作联营的生产关系。此外，要提高新型农业经营主体使用各类土地的规范性、有效性、经济性和便利性。

（四）完善基础设施要素配置

立足实际需求，本着集约化、节约化的原则，兼顾集成化共享的需求，以最优性价比配置农业生产、加工与流通等所需场地、机械与装备等，如淘汰落后的农产品加工技术及设备，优选先进适用的技术及其配套装备，创造有利于设施便捷高效运行及装备作业的软硬件环境，提高本地优势特色农产品的加工质量和效率。建立农户及其他农业生产经营主体互联互助互监互利的联动生产管理机制，完善社会化服务的技术体系、组织体系、标准体系，建立适度规模的标准化、绿色化、高质量生产基地。

（五）强化信息与技术要素支撑力

根据当地农业农村现代化发展的技术需求，加大对农业科技创新的支持力度，提高优良品种的培育效率与国产化率；支持科技研发主体开发高效的绿色种养业生产技术体系，开发各类农产品加工技术与设施装备等，提高技术要素的支撑力；建立高质量的生产体系，完善国内大协作和省域相互支援的农业科技创新体系。强化对农业科技创新资源的投入，加强共性关键技术及其相关基础理论的研究，加强技术开发应用与推广，聚焦产业集群式发展的战略目标，培育整合科技创新资源要素，建立、完善农业研发、推广、质检与科技培训等创新平台，完善农业科技创新体系与农业技术推广体系。

（六）培育高素质新型农业经营主体和“三农人”

一要培育高素质新型农业经营主体，以带动乡村产业和农业经济高质量发展。根据新型农业经营主体的价值需求，不同发展阶段的特点、难点、痛点及其创新发展的需求，实施有针对性的扶持措施，提高农业产业生产经营要素的适配性及其配置效率，提供科学的绩效评价与有效的管理服务，引导新型农业经营主体聚集和配置所需经营要素，提高生产经营质量，实现自身可持续发展，服务于乡村振兴战略。二要实施“三农人”素质提升工程，培育有技术、会经营、善服务、懂管理的高素质技能型、管理型和服务型人才，用好各类乡村建设人才，培育新型农业经营主体带头人，提高基层农技专家服务保障能力，以多种模式促进区域内外、体制内外、城乡之间、工农商学兵之间与村镇之间的人才流动、交流与互鉴，通过本土自治与“活水滋养”等治理模式，发挥高效能人才的引领带动，提升“三农人”整体素质。

（七）优化配置资本要素

进一步深化改革，完善财政支农政策体系，确保“四个优先”支农政策落实到位。针对家庭农场、农民合作社等新型农业经营主体的融资需求，引导规范建立互助资金担保机制；对接社会信用体系，完善农村金融风险防控机制；优化涉农贷款管理与审批程序；创新适合农村种养业生产周期性特点的不同贷期、用途及跨年度信贷产品；探索社会资本进村入社的融资路径与管理规范。

（八）动态调增宁夏区域用水配额

一方面，宁夏每年因向区外调运和销售优质牛奶、瓜菜等，输出了大量虚拟水，加大了本地区水资源的亏缺；另一方面，出于环境绿化与西北生态屏障建设之需要，生态用水量增长较快。因此，在优化产业结构、林分结构的同时，设想动态调增宁夏区域用水配额，建议国家水利相关管理部门根据黄河中下游年度降水量的增减动态调增黄河水给宁夏的配水额度，并且根据中下游降水丰缺情况，建立黄河宁夏段配给额机动调增机制。宁夏要强化储水型基础设施建设，增强调洪蓄水能力，进一步提高黄河流域各种水资源的利用效率。

四、全价值链提升经营效益

拓展农业的多种功能，如生产功能、生态功能、生活功能、经济功能、体验功能、景观功能，以及文化休闲、科普教育、数字化与工业化等功能，挖掘全产业链的经营价值，让农民及相关从业者获得各得其所的利益，是全产业链、全价值链的经营目标。

建立以龙头型新型农业经营主体（统称为“龙头企业”）为中心的融资与利益共享模式。加快培育具有集体经济成分的寡头型龙头企业，提高产业集中度，做大产业收益“蛋糕”。在全产业链经营中，龙头企业处于价值链的高端，具有高投入、高风险与高收益的特性。通过加大对寡头型龙头企业基础设施建设的投入或长期低息贷款、鼓励龙头企业职工或上下游关联经营主体参股合营，减轻龙头企业前期融资的巨大压力和经营风险，同时，完善产业链利益共享机制，龙头企业让渡部分利益给产业经营链条上的投资者与上下游市场主体乃至消费者等，促进共同富裕、协调发展。即通过股份制改革的顶层设计，在自愿合作的前提下，选择市场联结、契约联结、参股联结或承包约束等方式，完善龙头企业与农户及其他主体的利益共享机制，促进创新要素向企业聚集，将政府投资或集体经济投入、其他新型经营主体的注资（土地等）及社会资本投资等转化为股本和股权，壮大村集体经济，增加投资者的收益，增强政府投资的有效性与保障性，提高村集体经济成员支持龙头企业发展的积极性，并且畅通社会资本融资渠道，解决企业经营中的资金需求。

新型村集体经济组织应成为乡村产业集群网络的“数据中台”。新型村集体经济组织是村民利益的实现者和维护者，通过联系、协调和平台服务，促进龙头企业、农民专业合作社、家庭农场及各类农业社会化服务组织等经营主体高效协调运营。

将新型农业经营主体带动小农户发展的实效作为政府扶持或奖惩的依据。新型农业经营主体可通过股份合作、订单收购、保底分红、二次返利、吸纳就业、村企对接等形式，建立紧密而稳定的利益联结机制。通过“公司+合作社+农户”“农户+合作社”“农户+合作社+龙头企业”“村集体+合作社+联合社+联合党支部”等方式联合经营，延长产业链、保障供应链、完善利益链，加强农产品初加工、仓储物流、市场营销等关键环节建设，完善合作模式。合作社要健全盈余分配机制，按照成员与合作社的交易量（交易额）比例、成员所占出资份额统筹分配盈余，通过建立利益共同体，促进产业高质量、融合化发展。政府通过充分的信息采集与分析工作，鉴别评估各类新型农业经营主体的产业带动效应，配套适宜的支持政策与扶持机制。

全产业链各环节的参与主体要把握好成长的阶段性与适宜性，确定适当的经营规模、经营方式与融资额度，降低经营成本与经营风险，以优质产品、优质服务、优秀文化与优良信誉，提升全服务链品质，创造全产业链价值，实现收益增长和可持续发展。

五、全业态创新突破关键技术

完善科技创新体制机制，完善农业农村科技创新体系建设，合理布局产业、企业和区域的技术创新平台，优化配置科技创新资源，激发人才创新活力，攻克一批关键技术，以强化地区科技力量，为产业提质增效、生产生活方式绿色转型、提高农业对外开放水平、保障粮食安全与生物安全、提升区域品牌影响力与经济竞争力提供科技支撑。未来亟须攻克如下关键技术。

(一) 数字化、智能化技术

不断创建优化生物数字密码、新产品数字化合成、生产生活环境数字化监测、生产作业数字化导航、生产工艺数字化控制、资源要素数字化集成智能化匹配、风险因素数字化监测预警、流通服务数字化管理以及决策智能化的技术模式,提高技术的安全性与适用性,是农业数字化、智能化技术发展的长期目标。

(二) 良种化技术

良种“卡脖子”问题是农业农村现代化面临的重大的技术风险之一。目前,宁夏种植业、养殖业良种化率虽然已达 80%以上,但在个别产业领域,自育品种或国产良种的占比较低,蔬菜、玉米、葡萄、豆类、奶牛、猪、鸡等农畜产品的种源还有一定的进口依赖性或产能差距,坚持优良品种选育、支持优势团队培育出又多又好的适生品种,是农业农村科技创新的长期任务。

(三) 绿色化技术

从资源节约、绿色生产、环境建设、产出高效四个目标维度开发绿色化技术。一是开发有利于节水、节地、节肥、控药、省力的技术产品、技术体系、经营模式、机械装备、数智化管理系统等。如高效优质多抗的新品种、保水剂与节水技术产品、智能化农业机械与装备等。二是开发绿色生产技术体系,包括农业废弃物循环利用、生物降解、化肥替代、农药替代等技术;规模化、集约化、标准化生产技术。三是强化农业污染防治、塑料制品选择与回收、农村生产生活垃圾分类排放及减排、基地景观建设等技术开发。四是优化种养加一体化循环、一二三产业融合化的高效经营模式,发展绿色产后增值技术,提升农产品智能化精深加工技术等。

（四）生态化技术

低碳、低耗、节水、集约，调优农林牧结构与规模，为环境减负，保护蓝天、碧水和净土，是生态化技术追求的目标。继续落实“一控两减三基本”政策，大力发展高效节水农业，继续实施化肥、农药零增长行动，积极推进畜禽粪污、农膜、农作物秸秆和林木残枝等资源化利用。推广绿色增产模式和生活方式，有效治理耕地污染，减少对资源的过度消耗，减少对环境的污染与破坏。开发盐碱地生态化有效利用的合理技术路径，探索盐碱地挖塘养殖或地面覆盖、基质种植等产业模式，提高资源与环境改良利用的综合价值。

（五）农业工程化技术

加速推广新一代节能高效智能化温室设施、冷链运输及保藏设施、循环养殖设施、农村能源设施、检测设备、监测平台、乡村文化体育设施；加大新机械、新技术的示范、推广、应用，推进农机农艺深度融合；推进主要农作物生产全程机械化示范县建设，实现主要农作物和草畜、渔业等特色产业的全程机械化，提高主要农作物耕种收机械化水平。培育多元化、多业态、多形式的农机社会化服务组织，以带动经营规模化，提升高效化经营水平。

（六）品牌化经营技术

品牌化经营的核心目的是彰显品牌产品或服务的品种、品质及其对消费者的价值，使消费者在市场众多同质化产品中能够快速地辨识、选择和购买，并成为其忠实用户。品牌化经营技术包括品牌定位与策划、品牌设计与传播、品牌营销与推广、品牌维护与更新、品牌资产管理与评估、品牌危机管理与应对、数字化品牌营销和品牌国际化战略等。宁夏有丰富的品牌资源，有挖掘利用的广阔空间，如倡议“固原红军粉，长征赢得胜”“宁夏葡萄酒，值得您拥有”“保肝枸杞子，珍品出宁夏”“瓜菜数宁夏，安心就数它”“牛奶宁夏好，塞上又一宝”等。打造知名品牌，成就一流企业，提供优质服务，引聚大批铁粉，激活一地产业，助推区域发展。

（七）农业基础设施提升工程

落实“藏粮于地、藏粮于技”战略，致力于优质粮食高产示范田创建，高标准农田和水利设施建设，盐碱地综合治理，秸秆还田、深松耕、商品有机肥、土壤调理剂等推广应用，培肥地力、改良土壤，推广高水平的农业高效节水和水肥一体化技术；实施土地宜机化建设工程；开发农产品工厂化、智能化、成套化装备。5G、无人驾驶等新一代信息技术的发展为新基建的发展带来了机遇，在推进农业农村现代化进程中，既需要对农村沟、渠、路、桥、电、网、线、杆、管、场等硬件基础设施提档升级，也需要加强农业农村经营管理的组织体系、技术服务体系、生产调控与调度体系、信息监测及预警体系、文化和民生服务体系等软硬件基础条件建设，为产业发展进入“快车道”筑牢“路基”，为粮食安全及农业农村现代化筑牢科技“压舱石”。

六、全自动数字化生产经营管理

随着北斗导航、5G、大数据、云服务等新一代信息技术的发展，农业农村生产经营的数字化运维管理将是必然趋势。运用涉农数据自动采集、智能农机作业管理、农业生产环境智能监控、农产品生产过程智能控制、绿色食品智能制造等技术，实现全自动数字化农业生产经营管理，是产业振兴及农业农村现代化建设的重要内容。通过数字赋能实现资源的优化配置，促进农机农艺深度融合，促进农村一二三产业融合，促进农村、产业、科技、文化、经济、数据大融合，促进城乡融合发展与经济增长转型升级，进一步优化提升区域物质和经济循环系统，促进农业农村经济融入“双循环”新发展格局。

一是提高认识，强化大数据思维，运用数字化工作模式。发掘大数据对高质量发展的潜在价值，巩固数字经济、知识数据化、数据知识化、数据资产化与产业化、产业数字化发展的基础。二是深化数字化建设。在加强数字基础设施与平台建设的同时，加强数据治理、知识资源梳理及融合等。重点围绕乡村振兴及产业高质量发展的需要，统筹建设以人流、物流和资金流为主线的数字资源体系。宁夏要优先推进奶牛、葡萄、枸杞、滩羊、水产、蔬菜、马铃薯、绿色食品加工等产业链大数据建设，数字赋能产业高质量发展。

七、全方位构建政策保障体系

（一）政策保障

新时代，构建乡村振兴战略实施的政策体系，要继续坚持新发展理念，以“两山”理论为指导，贯彻“双碳”目标，把农业农村优先发展落到实处，强化农业科技创新与应用，促进农业农村改革发展，强化以工补农、以城带乡，推动形成工农互促、城乡互补、协调发展的城乡一体化发展格局，全面推进乡村振兴，重构共同繁荣、共同富裕的新型城乡、工农关系，加快农业农村现代化。一是全面深化农村土地制度改革，衔接落实好第二轮土地承包到期后再延长 30 年的政策，保持土地承包关系稳定并长久不变。稳慎推进农村宅基地改革，重点围绕宅基地“三权分置”，拓展改革试点，丰富试点内容，探索适度放活宅基地和农民房屋使用权的有效途径。二是扎实推进农村集体产权制度改革，探索承包地“返租倒包”、村集体统一高标准整治及标准化管理机制。在农村集体资产清产核资基础上，建立和完善“三变”机制，推进集体经营性资产股份合作制改革，大力发展土地股份合作社。三是鼓励新型农业经营主体以订单收购、股份合作、利润返还等方式与小农户建立契约型、股权型利益联结机制。四是推进粮食等农产品安全保障的地方立法，创新粮食生产激励机制，优化粮食核心区、主产区、功能区布局。

（二）人才与组织保障

培育乡村产业发展及新型农业经营主体带头人；培育高素质新型农业经营主体，规范提升农民专业合作社，发展适度规模经营；培育新型集体经济组织，特别要选好村集体经济带头人，把品行好、能力强的致富带头人选为村集体经济组织带头人，带领全体村民参与，走共同富裕之路。有条件的乡村可聘请村集体经济组织的职业经理人或吸引相关专家团队，提高经营水平。农户作为乡村产业发展中的重要利益主体，他们的有效参与不仅可以促成利益主体之间的良性互动，减少利益主体之间的利益摩擦和利益冲突，而且能对乡村产业的可持续发展产生积极的促进作用。因此，建立广泛的农户动员与参与机制，充分调动农户参与乡村产业开发的积极性和主动性，努力发挥与农户有关的生产要素的价值和功能，确保农户能够分享产业发展的成果，在乡村振兴时代背景下显得重要而迫切。同时，农户在乡村产业开发过程中往往存在消极的利益认知，即未能充分意识到乡村产业开发的巨大潜力以及由此带来的经济、社会、生态效益的提升，对乡村产业的开发与投入缺乏明显的动力。在乡村产业发展中，乡镇政府通过有效的政策宣传，消除农户对乡村产业开发的抵触心理，加深农户对乡村产业开发意义的认同，帮助农户树立积极的利益认同感，增强农户参与乡村产业开发、促进共同富裕的获得感。

（三）服务保障

一是进一步建立健全农业社会化服务体系，大力推行代耕代种、统防统治、土地托管、粮食银行、金融担保等社会化服务，新建或提升农业社会化综合服务站。实施新型职业农民培育工程，支持农民创新创业，提升农民价值感、幸福感。强化社会化服务组织对小农户标准化生产、品牌化经营的服务与带动作用，推动小农户与新型农业经营主体的合作，共建优质农产品基地，带动小农户链接大生产、大市场，提升农户的质量意识、品牌意识和服务意识，增强农产品的市场竞争力。二是引进分布式账本技术，提高农业供应链服务的价值与效率。农业供应链交易的风险性与复杂性，催生了一系列中介机构。供应链存在投入品来源、食品生产及流通渠道的透明度低，生产、加工与流通各环节服务效率不高的问题。分布式账本技术赋权所有市场主体，可简化整合供应链，提高其透明度，有利于提高供应链上物品与交易的安全性和韧性。

（四）数据保障

运用大数据信息服务平台，科学研判市场趋势和需求，为小农户提供种植结构与经营服务优化指导，升级产品结构和经营模式。大力发展“以需定种，以销定产”的订单农业，加大外埠市场开拓力度，通过走出去、请进来、股权分配、契约管理等，引导小农户融入现代农业产业化经营中，分享第二、第三产业经营收益与发展红利。

（五）投入保障

新时代以来，各级政府财政支农投入不断增长，对培育新型农业经营主体、提高农业生产能力与农产品加工能力、促进产业融合发展发挥了积极促进作用。未来财政支农，要加大对农业基础设施升级化、产业链高级化、产品科技化、生产和流通管理数字化、决策智能化以及高素质人才队伍建设等的投入保障。

（六）安全保障

农业安全风险客观存在，要加强监测预警。一是加强市场风险监测预警，做好实时监测、智能分析、精准预警。二是加强生物安全风险管理，健全生物安全科研攻关机制，严格生物技术研发应用监管，加强生物实验室管理、科研项目伦理审查和科学家道德教育。织牢织密生物安全风险监测预警网络，健全监测预警体系，重点加强基层监测站点建设，提升末端发现能力。快速感知识别新发突发传染病、重大动植物疫情、微生物耐药性等风险因素，做到早发现、早预警、早应对，防止有害生物入侵与蔓延。三是进一步筑牢食品安全防线，完善农业投入品与农产品质量检验检测和标准体系建设及质量管理规程，从农产品生产、加工、运输、储存及销售各个环节，守住食品从田间到餐桌的安全。四是提升气象灾害的分析预警和技术防御能力，提高风险灾害的研判与保障水平。

八、全力实施乡村产业振兴重大工程项目

（一）绿色生态农业工程项目

绿色农业本身就是规模最大、经济效益最好的生态产业，实施绿色生态农业工程，建设资源循环利用、低投入低消耗、生态保育系统，大力推广种养循环生产模式，促进粮食安全和生态安全，是最大的民生工程。绿色生态农业工程主要包括：水土资源安全供给工程、绿色农产品生产与加工项目、中医农业示范园区项目、农业废弃物循环利用项目、农业资源绿色开发项目及绿色资源开发项目等。具体包括：良种创制与繁育工程；中医农业示范园区建设工程；规模化宜机化绿色种植基地高标准农田建设工程；高效节水精量化智慧灌溉工程；抗旱耐寒节水型适生林草资源调查、筛选与良种引育工程；大型配合饲料加工项目；高效节能工厂化复合化种养循环设施开发工程；高效节能集约化养殖圈舍开发工程、养殖粪污生物发酵资源化利用工程；湿地水产养殖结构与模式提升工程；盐碱地生态化开发利用工程；冰雪产业优化布局与开发工程等。

在实施绿色生态农业工程项目过程中，为避免低水平重复造成的资源与产能浪费，要对项目的相关技术进行充分调研，纵览国内国外两种资源、两类市场的发展状况，前瞻谋划、超前布局、数字模拟创新成果应用场景及实施效果，努力实现一次性足额投资建设、长周期安全运营，兼顾

转型升级、低碳高效、优质环保等发展目标。政府支持建设主体通过竞争性采购等方式回购国内外相关技术的知识产权，集成开发绿色生态农业工程最新、最优和最适用的技术，建设一流绿色生态农业工程设施。

（二）数字乡村与产业数字化工程

统筹设计数字乡村背景下产业数字化系统建设方案；建设产业数字化科技创新体系——组建宁夏特色产业数字化创新联盟或科创中心；成立宁夏特色产业数字化推进委员会，推进宁夏乡村和产业数字化建设，实施农业农村数字基础设施建设工程，统筹谋划数据治理与知识资源融合等工作；实施数字乡村工程和特色产业数字化工程，促进数字化、智能化技术在农业农村领域的创新应用；推进绿色食品加工成套设备数字化提升项目；建立全自动数字化生产经营管理体系，提升产业链高端化经营水平与效益，提升宁夏农业品牌的影响力与市场竞争力。

（三）餐饮业提升工程项目

2017 年中央一号文件明确提出，要积极推进传统主食工业化、规模化生产。利用现代生物技术和互联网科技，提升中华美食标准化和营养化水平，满足餐饮市场个性化的精准需求，是第四次农业革命的新潮流。智能餐厅系统、智慧餐饮系统、中央厨房+外卖（定制）等正成为绿色餐饮新的增长点。品牌餐饮、知名食品对提高农业农村第三产业竞争力具有重要带动效应。宁夏实施餐饮业提升工程项目，一是发挥行业协会等社会组织的功能，建立项目带动机制，使行业协会切实履行餐饮市场监督、数据建设与信息交流、规划管理等职能，促进产品提档、产业升级、规范经营与服务增效。二是提升餐饮业龙头型经营主体的创新能力，培育发展新型餐饮模式的骨干企业，引领新型食材和新型餐饮产品的开发。三是推动绿色食品加工 4.0 发展，开发推广智能餐厅和中央厨房的应用系统与应用场景。四是支持以下工程项目建设：方便主食加工技术体系开发；高端优质奶酪深加工；肉品保鲜精细加工；复合谷物、干果等休闲食品加工；果蔬复合饮品加工等。五是优化农产品供给侧结构，进一步加强对食品行业的全方位监管，规范对网络直销产品的准入与备案等管理，完善商超临期食品的促销与到期下架退市等管理机制，坚决杜绝走私或生产对人体有毒有害，特别是影响低龄儿童与青少年身心健康的食品或饮品，筑牢餐饮业与食品行业安全防线。

（四）康养中心村示范工程

培育乡村新产业新业态，拓展农业农村的多种功能，在中心乡镇或村，培育创建乡村综合体，创新以健康养老、养生和托育为目标的农业与旅游、互联网、健身、食品、医药等产业相融合的绿色发展模式。实施康养中心村示范工程。在文旅资源丰富、人口较集中的县区，选择交通便利、中心辐射区域广的城郊村，规划建设功能齐备的乡村服务综合体，包括康养文化中心、文体休闲活动中心或体育运动训练场馆等，吸引老人旅居或养老、年轻人健身、少儿娱乐等，打造家庭休闲生活的乐园。推进乡村冰雪产业项目，合理规划乡村冰雪运动场地、设施与服务，使休闲农业产业冬夏两旺，吸引更多人流，促进人民健康水平与幸福感提升。

（五）农业现代服务业提升工程

从农业社会过渡到工业社会，乡村的主导产业及其经营主体逐渐发生变化，本质上是农业产业的工业化，具体体现为农业产业的规模化、机械化、科技化、专业化、工业化和数据化，即实现了产业升级。与专业化生产相配套的是综合化产业服务，因此，产业振兴的关键也在于产业的升级与融合。不论以产业链哪个环节或端点为切入点，都将通过产业服务的传导作用拉动一二三产业的融合发展。

实施农业现代服务业提升工程，就是围绕“安”“暖”“信”“配”目标，优化提升现代农业的平台服务、物资服务、数据服务、科技服务、加工服务、物流服务、人才服务与金融服务，拓展文化、旅游、体育、康养、休闲与餐饮服务等，促进人流、物流、数据流和资金流畅通。如建立现代化无人食堂或餐饮站、自动售货机等农业现代化服务平台或设施，结合工业化、智能化、数字化制造技术的应用，促进膳食结构优化，提高人们用餐的安全性与便利性。实施特色产业小镇或街区建设工程，围绕宁夏重点优势产业，挖掘其人文、社会、生态价值及产业功能，提高我区产业品牌的影响力。

实施宁夏生物资源普查工程，注重发现、抢救、繁育、保存和利用区内的珍稀生物资源，尤其注重具有抗旱、耐寒等抗逆性的绿化植物的繁育、利用。实施北方旱生植物种质资源繁育保藏中心和食用菌类资源菌种保藏中心建设工程，利用宁夏规模不大、位置居中、气候凉爽、地貌类型多样、灌溉可控、四季分明等特点，建立相关植物资源与微生物资源的繁育与保藏基地，推进科技资源的交流、协作与开发利用。

（六）人才助农强农工程

不断完善人才助农强农的政策体系。出台自治区乡村人才振兴意见，设立乡村人才专项系列计划，强化顶层设计，配套各类人才服务乡村、农业企业，开展协同创新和技术服务等，通过培训考察、项目与金融支持、税收优惠等支持政策，完善人才激励机制。

完善五类人才培育体系。针对乡村农业生产经营人才、产业发展人才、社会服务人才、治理人才与科技人才的特点和成长规律，实施农业生产经营人才开发计划、引流引才创新创业计划、社会服务人才建设计划、“三农”干部培养计划、农业科技人才支撑行动计划等。畅通人才引进渠道，提供区内外人才调研考察、交流合作的平台与政策。

完善人才分类评价机制。营造各类人才成长的良好环境。挖掘并激活区内外科教文化资源，定制针对乡村产业与文化等不同主题、不同群体的公益培训项目，丰富乡村科技文化活动，让农民就近学技能、开眼界、长见识、拓思路、增才干。

第十章　宁夏乡村产业振兴的模式及经验

一、东西部合作的闽宁模式续写乡村振兴新篇章

1996 年，福建与宁夏启动对口扶贫协作，在 26 年开发合作的实践中形成了区域乡村与产业开发的闽宁模式，不但推动了区域减贫事业的发展，也为乡村产业振兴、实现共同富裕战略目标奠定了重要基础。

闽宁模式的主要内涵是：遵循“优势互补、互惠互利、长期协作、共同发展”的方针，建立“联席推进、结对帮扶、产业带动、互学互助、社会参与”五项机制，把中央推动东西部协作、乡村振兴和实现共同富裕的战略部署，与闽宁两地扶贫开发的经验和智慧结合起来，建立起持续带动、持续发展、持续突破的长效机制，从客观规律、战略定位、制度体系、路径选择、协作机制与乡村治理等维度综合施策，促进贫困地区产业发展、农民就业与乡村发展，创新和发展了中国特色反贫困理论体系与实践模式。

吴忠市红寺堡区是全国最大的易地生态移民安置区，在闽宁模式的带动下，持续推进一二三产业及其融合发展，通过“产业+就业”的发展模式，促使移民稳住脚跟、发展产业、增收致富。

红寺堡区大力发展葡萄种植与葡萄酒产业，形成了集葡萄种植，葡萄酒生产、销售，葡萄酒文化旅游于一体的产业链，培育了红漠、千红

裕、戈蕊红、罗兰马歌等葡萄酒品牌。2017 年以来，红寺堡区葡萄酒连续 5 年荣获布鲁塞尔大金奖，获得各类金奖 103 个、银奖 113 个，葡萄种植面积达 7 200 hm^2，注册葡萄酒企业 28 家，解决农民就业 8 万人次，农户年均劳务收入近8 000 万元。援宁的福建省德化县干部主动带家乡客商逛酒庄，荐酒带货；晋江市企业家不仅做代理销售，还联合家乡企业创建了“共享酒庄”模式。“小葡萄”已成为引领农业转型的特色优势主导产业，成为带动群众增收致富的“钱串子”。

红寺堡区已发展成为宁夏贺兰山东麓葡萄酒明星产区，被誉为“中国最具发展潜力葡萄酒产区”、中国酿酒葡萄集中连片产区和“中国葡萄酒第一镇”，是宁夏“紫色名片”的典型地标。

禾美（宁夏）网络科技发展有限公司总经理徐美佳本是一名返乡创业的大学生村官。2019 年她来到闽宁镇，创建了禾美电商扶贫车间，借助“互联网+”的优势，探索创新销售模式，打破销售空间壁垒，由村里 20 名妇女组成“巧媳妇”直播带货团队，通过“以工代训、订单培训”的方式提升群众劳动技能，不仅直接带动近百名建档立卡贫困户稳定就业，还间接带动 300 人就业，让宁夏的优质农特产品走出去，同时引进了福建的“八闽好物”。

闽宁镇作为闽宁模式的中国样板与国际典范，创新产业多元化发展的路径，使曾经的移民变成了酒庄主管、带货主播、产业白领……截至 2020 年底，闽宁镇 6 个行政村全部脱贫，累计退出建档立卡 1 633 户 7 046 人，年人均可支配收入从开发建设初期的不足 500 元增长到 2020 年的 14 961 元，村集体经济收入累计超过 600 万元，取得了脱贫攻坚的重大成果。特色种植、特色养殖、商贸物流、光伏发电、文化旅游等产业的发展，为促进闽宁镇乡村产业振兴、实现农民共同富裕奠定了坚实基础。闽宁镇先后荣获全国脱贫攻坚楷模、全国民族团结进步模范集体、全国乡村治理示范乡镇、全国乡村旅游重点镇等称号。

二、强化乡村振兴“头雁群体”的“硬核力量”

银川市全力推动“两个带头人”工程。

一是实施乡村党组织班子能力素质提升工程。实施逐村选拔一批致富带头人进班子、吸引一批外出优秀能人进班子、选聘一批优秀青年大学生进班子的“三个一批”进班子计划，着力打造过硬农村党组织带头人队伍，进一步激活抓党建促乡村振兴新动能。2021 年以来，先后将 185 名表现优秀、历练成熟的致富带头人补充进村“两委”班子，68 人被选拔为村党组织带头人，850 名致富带头人成为村级后备力量。

选拔一批致富带头人进班子。灵武市梧桐树乡河忠堡村的致富能人孙军当选村党支部书记后，大力推进党组织整顿，持续壮大村集体经济，集体经济收入一年来翻了三番，河忠堡村面貌焕然一新，成为全市有名的“明星村”。

吸引一批外出优秀能人进班子。贺兰县立岗镇星光村返乡创业大学生黎伟，在村“两委”换届后成为村党支部书记、村委会主任，通过主题民宿开发，带领村民共同致富。永宁县闽宁镇原隆村和玉海村，党组织书记过去一直由镇干部兼任。结合村“两委”班子换届“回头看”工作，县委组织部和乡镇党委联合组成工作专班，深入摸排当地外出优秀能人，通过政治考察、思想教育和上门争取，落实两村党组织书记的人选，得到群众认可。

选聘一批优秀青年大学生进班子。注重从应届大学毕业生中招聘“西部志愿者”和“三支一扶”人员。实施“大学生助力乡村振兴计划”，统筹县乡事业编制资源，注重从本乡本土大学生中招录农村基层专职党务工作者，实行市级统一招考、县区跟踪培养、乡镇管理使用的工作机制，将其纳入村级后备干部培养计划，优先支持大学生在本村创新创业，将表现优秀的优先发展为党员，将历练成熟、群众认可的及时补充进村“两委”班子，选拔为村党组织书记，特别优秀的村党组织书记在换届时可进入乡镇领导班子。

二是实施致富带头人培育工程。乡镇牵头，建立各村致富带头人档案，系统调查他们从事的行业、生产经营规模、带动农户等情况，“一人一策”制定培养措施，有针对性地做好政策引导和扶持工作，提高培育质量和效果。

银川市通过吸引外出能人返乡创业，破解本土人才匮乏难题、助力乡村振兴。建立健全县、乡、村各级干部结对联系在外优秀人才制度。乡镇党委班子确定专人与本乡外出务工经商人员、大学毕业生等优秀人才联系，组织返乡观摩、沙龙研讨等各类活动，吸引见识广、思路新、能力强的优秀人才返乡发展和任职，其中有 20 名返乡优秀人才当选为村党组织书记，带领村民创办家庭农场、农民合作社，发展特色产业和乡村休闲旅游业等，带动村集体和村民创业、就业和增收。

驻村干部当好乡村振兴“五大员”（党建“指导员”、发展“领航员”、政策“宣传员”、治理“助推员”、群众“服务员”）。按照自治区“区上抓示范、市级抓重点、县区抓兜底”的工作要求，全区各地每年对驻村干部实行轮训，促进驻村干部互帮互带、互学互鉴，提高驻村干部的能力和履职水平。

固原市聚焦乡村振兴重点任务，通过组织开展不同片区乡村工作交流，使驻村干部了解发展实情，把握发展方向，敢挑工作重担，明确驻村干部“五大员”职责，同时落实定期汇报、片区交流、教育培训、考核评价、待遇保障五项机制，为驻村干部下得去、融得进、干得好提供保障。

三、“产业培育+乡村旅游”带动农民增收

宁夏按照“区统筹、县（区）实施、整合资源、集中投入、大力实施乡村旅游精品工程”的原则，开展非遗文化传承、六盘山红色旅游、固原生态精品游、乡村旅游培训基地、旅游扶贫示范村等项目建设，创建了“产业培育+乡村旅游”的产业模式。2016年，宁夏又确立了“发展全域旅游，按照‘全景、全业、全时、全民’模式，创建国家全域旅游示范区”的战略目标，积极创建国家全域旅游示范区，2019年5月，银川市西夏区、中卫市沙坡头区入围首批国家全域旅游示范区名单。

宁夏鼓励探索“土地整治+特色农业”“土地整治+休闲旅游”模式，对集中连片开展生态保护与修复达到一定规模的经营主体，允许在符合国土空间规划、依法办理建设用地审批手续的前提下，利用不超过3%治理面积从事旅游、康养、文化、体育、设施农业等产业开发。

以点带面，产业串联。宁夏围绕“一核、四带、多区”乡村旅游发展格局，支持打造乡村旅游集聚带和改造乡村旅游重点村，推动乡村旅游由点及面。落实《宁夏乡村旅游示范点评定标准》《宁夏特色旅游村评定规范》等标准，评定第一批自治区级特色旅游村镇76个，评审命名一批乡村旅游示范点。举办乡村类主题文旅活动，推出28条乡村旅游线路和25条休闲农业线路，其中10条入选全国乡村旅游线路，清凉固原红色研学游、贺兰山东麓亲子研学游、怀旧石嘴山工业研学游、中宁枸杞采摘研学游等9条线路荣登“乡村四时好风光”春、夏季精品线路榜单。

西夏区历史悠久，旅游资源丰富，不但有著名的镇北堡西部影视城、西夏王陵、西夏博物馆、贺兰山岩画景区、滚钟口、拜寺口双塔等历史文化景区，还有贺兰山国家森林公园等自然风景名胜。为了促进辖区旅游业发展质量的提升，西夏区出台《促进旅游业发展扶持奖励办法》，实行系列激励政策，鼓励和引导各类市场主体参与旅游业发展，对新评定为国家

3A 级、4A 级、5A 级的旅游景区（点），对新评定为三星级、四星级、五星级的农家乐，分别给予标准不同的一次性资金奖励。2021 年，西夏区服务业实现增加值 138.73 亿元，比上年增长 9.9%。其中，住宿和餐饮业增加值 3.57 亿元，增长 13.8%；交通运输、仓储和邮政业增加值 11.81 亿元，增长16.1%；其他服务业增加值 87.57 亿元，增长 11.6%；农村居民人均可支配收入15 008 元，比上年增长 10.3%，高于城镇居民人均可支配收入增长率 3.2 个百分点。

“共享庭院”，共建和谐家园。最初种玉米每公顷纯收入 7 500 元，后来种枸杞每公顷纯收入 75 000 元，开发民宿后，一年再赚 5 万元……红寺堡区柳泉乡永新村经历了三次产业“迭代”。该村以“共享庭院”模式，打通民宿相邻院落，建起亭台水榭、儿童乐园等，即便在隆冬时节，来自城市的游客也络绎不绝，吃当地特色牛排、住民宿、睡土炕、游庭院，体验乡村生活、品味农家餐饮。2021 年，该村共接待游客 10 万人次，民宿产业带动农产品收入达 90 万元。

“非遗+旅游”，提升产业文化魅力。固原市开发了隆德县固原砖雕（魏氏砖雕）、原州区大原古建非遗扶贫就业工坊、隆德县杨氏彩塑非遗扶贫就业工坊、西吉县刺绣等一批“非遗+旅游”的非物质文化遗产旅游项目。

红色资源+生态旅游。宁夏先后开发了西吉县将台堡红军会师纪念馆、泾源县老龙潭革命烈士纪念亭、同心县陕甘宁省豫海县回民自治政府成立大会旧址、盐池革命烈士纪念园等红色资源与乡村旅游紧密结合的旅游项目；西吉县龙王坝村、隆德县新和村、盐池县兴武营村等 72 个个性突出的旅游生态村，一批特色鲜明的乡村旅游示范基地、旅游创客基地和农家乐项目；彭阳阳洼流域、隆德至张易等固原市 6.67 万公顷绿色梯田生态游项目。

截至2020年底，宁夏共建成星级农家乐526家，全国乡村旅游扶贫重点村72个，直接从业人员超过1.5万人。每年接待游客近1 500万人，带动10万人就业，实现旅游收入近10亿元。隆德县陈靳乡新和村等29个村入选全国乡村旅游重点村；西吉县龙王坝村被评为“中国乡村旅游创客示范基地”，“魏氏砖雕+扶贫”惠民增收案例入选全国50个优秀案例。

2021年，宁夏8个村（镇）入选第三批全国乡村旅游重点村和第一批全国乡村旅游重点镇（乡）名单，共有37个村（镇）被评为全国乡村旅游重点村（镇）。全年休闲农业和乡村旅游接待人数达1 655万人次，实现旅游收入11.37亿元，同比增长21%和18%。

在文化和旅游部推出的10条黄河主题国家级旅游线路中，宁夏有8条线路入选。“红旗漫卷六盘山”精品线路和“金沙滩·山海情”精品线路入选中宣部等四部委联合推出的“建党百年红色旅游百条精品线路”。黄河·宿集荣获2021“文旅好品牌·目的地好品牌”，南岸民宿入选首批全国甲级旅游民宿。红寺堡区永新村、西吉县龙王坝村、隆德县新和村、泾源县杨岭村入选文化和旅游部全国乡村旅游扶贫示范案例。宁夏被全球葡萄酒旅游组织（GWTO）推荐为“全球葡萄酒旅游目的地”。贺兰山东麓葡萄酒文旅融合模式入选《2021世界旅游联盟——旅游助力乡村振兴案例》。

四、基础设施建设支撑产业振兴

“十三五”以来，宁夏针对西海固地区基础设施标准低、发展不充分等问题，综合交通、旅游和农业特色产业融合发展目标，加大旅游基础设施、乡村旅游培训基地建设，结合六盘山区丰富的旅游资源和特色鲜明的农家乐，发展“交通+产业”“交通+旅游”模式。

在宁夏欠发达地区兴修硬化道路，南部山区加强建设原州区冷凉蔬菜、西吉县马铃薯、隆德县中药材、泾源县苗木，中部干旱带加强建设红寺堡区葡萄、同心县枸杞、海原县小杂粮等一批优势特色产业稳定发展的基地。

在重大水利工程建设上，对中部干旱带盐环定扬黄工程、红寺堡扬水一至五泵站等工程进行更新改造，对什字等一批中小水库进行除险加固；推进欠发达地区“五小”水利工程（小水窖、小水池、小泵站、小塘坝、小水渠）与小型农田水利工程建设，打通农田水利“最后一公里”，不断加大滴灌、微喷灌、低压管灌等农田高效节水灌溉方式推广力度。

在高标准农田建设上，因地制宜确定坡改梯面积，合理确定各类工程投资标准，加大补贴力度，凡是达到高标准农田建设村，每公顷补贴18 750~21 750元，与此同时，以项目为单位，以小流域为单元，以基本农田建设为突破口，实施山水田林草路综合治理，有效防止水土流失。

在农村电网改造升级工程上，实施骨干电网和输电通道建设等电网专项工程，把电网延伸到更多偏远地区，基本实现稳定可靠的供电服务全覆盖，从根本上破解用电瓶颈，为发展规模化种养业、特色农产品加工业提供强大支撑力。

在推动通信设施建设上，重点对贫困乡村实施“新网通”工程、智慧服务工程、农村电商等六项工程，贫困村通光纤和4G比例超过98%，远程教育、远程医疗、电子商务覆盖所有贫困县。财政、交通、水利、电力、电信等有关部门凝心聚力，促使宁夏贫困地区的基础设施更加完善，乡村产业发展的动能更充足。到2020年底，贫困地区普通国道覆盖85%以上乡镇，常住人口20户及以上、具备建设条件的自然村通硬化路比例达到97%，所有建制村实现通硬化路、通客车，公路交通由点到线及面，形成了联通乡村城镇、联络千家万户的资源之网、发展之网、活力之网，全区9个贫困县全部脱贫，如期全面建成小康社会。

“十三五”期间，宁夏贫困地区建设高标准基本农田近40万 hm^2，新增高效节水灌溉面积 15.47 万 hm^2，治理水土流失面积 43.70 万 hm^2；贫困村实现了村村通硬化路，村村通动力电，村村通宽带网络。

2021 年，宁夏实施基础设施提升计划，进一步完善水、电、路、讯、污水管网等设施，不仅满足了群众生活需要，也为乡村经济发展强化了动力。

五、集体经济点燃乡村振兴“主引擎”

2015 年，以财政部《扶持村级集体经济发展试点的指导意见》为契机，宁夏成为全国开展扶持村集体经济发展试点的 13 个省（区）之一。按照增强村集体经济实力、实现农民共同富裕的总体要求，坚持改革创新、集体所有、市场主体、因地制宜、村为主导的基本原则，积极探索并创新以资源有效利用、提供服务、物业经济和混合经营等为主的村集体经济实现形式，探索体制机制创新与村集体内部管理制度，配套政策措施，强化综合支持效力，加强组织领导与顶层设计，推进以农村土地制度改革为主要内容的集体产权制度改革向纵深发展，牵引乡村产业转型升级。通过政府财政、金融政策支持，促进多元产业、多种经营模式及乡村一二三产业融合发展，多渠道增加村集体经济收入、增加农民收入、改善乡村发展环境，持续建设农村美、产业强、农民富的美丽乡村。

2016 年以来，中央和宁夏累计投入财政资金 21.52 亿元，扶持 1 850 个村发展集体经济，项目覆盖率达 86%。截至 2021 年底，宁夏村集体经济总收入达 18.5 亿元，较 2016 年翻一番，83.8%的行政村实现稳定经营收益。2019—2022 年，中央和宁夏两级财政每年支持 388 个行政村发展集体经济项目，每村平均年收益 16 万元，比非项目村高 4.6 万元。

（一）支部引领、合作发展的组团模式

在中央和自治区相关项目带动下，宁夏采取“党支部+合作社+”等模式，围绕当地特色产业等发展壮大集体经济。固原市推行“小村联盟”

"跨村联建""产业功能党小组"等新模式，跨村建立联合党支部 24 个，实现组团发展、抱团取暖。中卫市针对部分村集体经济薄弱、农民集体意识淡化、群众与村集体经济组带断裂等现实问题，找准发展着力点，探索党支部领办合作社、促进产业兴旺的道路。77 个村党支部领办合作社，由 6 万余名群众参与的合作经营体系基本形成，群众抱团发展，实现了"支部有作为、党员起作用、集体增收入、群众得实惠"的发展目标。2021 年，中卫市村集体经济收入达到 1.25 亿元，362 个行政村集体经济收入在 10 万元以上，农村常住居民人均可支配收入达到13 493 元。

（二）自主经营、多元化发展的隆德县凤岭乡李士村模式

固原市隆德县凤岭乡李士村有耕地 290.53 hm^2，退耕还林 65.13 hm^2，全村辖 6 个村民小组，户籍人口 370 户 1 222 人。2015 年农民人均可支配收入5 650 元，草畜产业收入占全村人均可支配收入的 45%，劳务经济收入占全村人均可支配收入的 35%，特色种植收入占全村人均可支配收入的 20%。2017 年以前该村是名副其实的"空壳村"。2017 年初，以国家壮大村集体经济项目为契机，村党支部引领，成立李士村股份经济合作社，以合作社为平台，带动村民逐步修建标准化肉牛养殖棚 150 多栋，种植玉米 286.67 hm^2，仅草畜产业一项就带给农民人均收入 2 000 元。主要经验：一是培育多元经营主体，使村级集体收益从无到有，创出了村集体经济"党支部+合作社+农户""党支部+合作社+协会+农户"等发展模式。合作社将村集体经济扶持资金与集体土地、村民土地折股量化，让村民人人持股分红。二是自主经营，促进产业多元化发展。通过激活本村传统工艺、民俗文化与乡土人才等资源，发掘传统酿醋、榨油、刺绣、石磨面粉等老工艺，结合现代农业机械化发展的迫切需要，先后办起手工醋坊、油坊、石磨坊、超市、荞麦皮枕头作坊和农机服务中心等经营实体，以产业发展促进村集体经济发展。三是建章立制，规范管理。为了用好、管好村

集体经济，李士村健全董事会、监事会等组织机构，完善管理制度，通过民主评议，逐步建立并落实“资金变股金、农民当股东、收益有分红”的运行新机制。2021 年，实现村集体经济收入544 万元，纯收益 150 多万元。

（三）村集体经济由“输血”向“造血”转变的青铜峡模式

2018 年以来，青铜峡市累计争取中央、自治区扶持壮大村集体经济项目76 个 9 500 万元（村村有优质项目），通过整合各种涉农资金及贴息贷款、撬动社会投资、村集体投资等措施，构建“财政优先保障、金融重点支持、社会积极参与”的多元投入机制，探索出“支部领办、多村联建、村企合作、资源开发”的路子，促进乡村产业“多核心、稳收益、快增长”，推动村集体经济从“输血式”变为“造血式”发展。2021 年，青铜峡市 84 个行政村集体经济总收入超 2 840 万元，每村平均收入 33.8 万元，较 2019 年翻了一番。

2021 年，叶盛镇 10 个行政村集体经济收入达到 385 万元，同比增长115%，其中五星村、蒋滩村突破百万元大关，农民人均可支配收入达到 19 155 元，高于全区平均水平 3 818 元。蒋滩村过去一家一户种植规模小、品种单一，2020 年，村集体收入不足 10 万元。2021 年，该村依托由村党支部书记、村委会主任领办的宁夏华辉种植专业合作社的 60 栋高标准移动温棚，利用壮大村集体经济资金 100 万元，结合村集体自筹的 20 万元，引进高效节水、滴灌、水肥一体化等设施农业技术，种植普罗旺斯西红柿、早金蜜西瓜、温图拉芹菜等高端优质瓜菜品种，以劳务分包形式由群众自投劳动力进行管理，合作社统一提供肥料、种子、灌水等生产资源，统一销售服务，产品主要销往广州、上海及宁夏本地，每棚瓜菜净收入约万元。

2022 年，蒋滩村又联合正闸村、张庄村成立青铜峡市叶盛广联农业发展专业合作社联合社，整合 3 个村集体资金 215 万元，打造面积 13.33 hm^2

的现代农业示范基地，以自主经营、村企合办、跨村联营等多元化发展模式，通过发包、租赁、参股、联营等方式，增强村集体经济“造血”功能。

六、产业融合拓展乡村产业综合功能

位于贺兰县常信乡四十里店村的宁夏稻渔空间乡村生态观光园（简称“稻渔空间”），由宁夏广银米业有限公司（简称“企业”）牵头建设，占地面积 133.33 hm^2。其中，稻渔综合种养示范区占地面积 106.63 hm^2，包括稻蟹 53.33 hm^2（成蟹 40 hm^2，扣蟹 13.33 hm^2）、稻鱼 33.3 hm^2、稻鸭 20 hm^2；示范有机水稻种植模式 66.67 hm^2、示范绿色水稻精量穴播模式 40 hm^2。近两年增加了泥鳅、鲈鱼等养殖品种。

（一）园区产业构成

第一产业——有机水稻立体生态种养：示范推广水稻工厂化育秧、旱育稀植栽培、摆栽机插秧、有机肥及叶面肥施用、生物除草、病虫害专业防治、机械化生产等新技术；推广种植宁粳 27 号（T39）、宁粳 31 号、宁粳 43 号、宁粳 47 号等优质水稻新品种；示范推广稻田养蟹、稻田养鸭、稻田鱼蟹混养。示范区外部零星种植玉米、大豆、蔬菜等。

第二产业：主要为大米加工。

第三产业：线上线下农产品流通服务、种养试验、技术示范；休闲观光；餐饮服务；垂钓；会务、展览展示；科普教育基地；农艺技术展示等。

（二）综合效益显著

园区融合经营既提高了水稻品质，又增加了企业与农民的收入。园区通过土地流转带动 400 多家农户，每年实现收入 400.5 万元，户均收入 1.1 万元，通过合作方式每年返还利润 75 万元，户均增收2 000 多元，入股农民每年人均增收 1 000 元以上。每年支付农户土地流转费 240 万元。通过签订合同订单生产水稻 1 333.33 hm^2，带动贺兰县周边 2 600 多家农户共同致富，实现户均增收 520 元左右。一二三产业融合经营，实现平均每公顷产值 23.72 万元，是单种水稻 2.25 万元的 10.5 倍；平均每公顷利润 61 035 元，是单种水稻 4 230 元的 14.4 倍（2018 年宁夏回族自治区农业部门统计数据）。

园区固定就业职工 30 人，农忙时临时用工达 300 人。辐射带动周边 10 多个合作组织发展稻渔综合种养。2018 年以来，企业以生产绿色和有机大米为主，2020 年产值较 2018 年以前翻了 3 倍左右。

稻渔复合生产模式，通过实行稻田生产系统与水产养殖系统的循环与有机融合，实现水产品与水稻一水共生，节约水资源 25%以上，节约劳动成本 70%左右。循环区每公顷稻田可以增加 900 公斤鱼粪肥，有效实现了水稻有机种植与蟹、鸭等生态养殖的共生，所产农产品优质美味，同时，提高了用水效率、饲料利用率，做到了化肥、农药的零增长与生产系统的零排放，综合效益显著。

（三）重要经验

一是创意农业设计，促进产业转型升级。稻渔空间的创建人受到海外稻田画的启发，萌生了打造宁夏稻渔空间的念头。企业以水稻新技术、新品种示范推广为抓手，围绕现代农业园区建设，以农事活动为基础，引入互联网思维，推进线上推广，以“养殖+休闲观光+餐饮服务”模式经营园区一二三产业。通过开发稻田周边“宽沟深槽”“陆基生态渔场”模式，实现高密度养殖、生态化种植、循环化用水、绿色化生产。

二是加工龙头企业带动有力。企业自 2012 年起在四十里店村及相邻的习岗镇新平村流转土地 340 hm^2，建立了现代农业科技示范园区。实行“公司+合作社+基地+农户”的生产经营模式和品牌战略，走产业化经营道路，分享新技术、新方法；将加工业、种植业、养殖业等与市场紧密结合起来，新建大米装配生产线和真空包装生产线，开发多款新产品，积极探索和开拓国内市场，绿色大米产业为农民增收做出了贡献，形成了一条完整的现代农业产业链条，带动实现了农业增产、农民增收、企业增效等目标。

三是集成创新技术支撑体系。企业引进优新水稻品种，结合高标准农田建设、土地治理和农业基础设施建设，集成示范推广水稻工厂化育秧、旱育稀植栽培、生物除草、农机农艺深度融合、稻渔综合种养、“互联网+农业”等生产技术，并且利用北斗导航，实现了农机作业智能化及农业物联网新技术的应用，以科技创新促进大米品质提升及产业转型升级。应用自主创新成果“一种稻渔水循环系统”，运用“工程化循环水养鱼+稻渔共作”技术，建立稻鸭、稻蟹和稻鱼三种生态种养模式。

四是创新产品经营模式。园区把种植普通水稻变为经营彩色观赏水稻，食用普通大米每斤售价 2 元左右，而彩色稻米种子能卖到每斤 200 元，价值放大了 100 倍。由于园区离银川市比较近，周末和节假日有大量市民前来体验“养殖+休闲观光+餐饮”等服务，最多时每天可接待游客 1 000 人次，年接待游客超过 20 万人次。

七、特色产业提质增效支撑乡村产业振兴

（一）“枸杞之乡”振兴发展

中宁县依托特色优势资源打造枸杞全产业链，从科技创新、土地流转、标准化生产、精深加工、市场开拓等方面加大支持力度，全面推进基地稳杞、龙头强杞、科技兴杞、质量保杞、品牌立杞、文化活杞“六大工程”，实施“育龙计划”和“小升规”行动，推进“企业+合作社+种植大户”订单生产。截至 2022 年 4 月，中宁县培育地市级以上农业龙头企业51家，其中，新培育国家级龙头企业4 家、自治区级龙头企业19 家。加快建立现代农业“三大体系”，振兴枸杞产业，加快发展乡村产业。

2021 年，中宁县新植枸杞 4 000 hm^2，打造标准化示范基地 2 个、丰产高效示范园 10 个，建设国家现代农业（枸杞）产业园。加大良种繁育及种质资源保护力度，枸杞良种率达到 95%以上；加强与国药集团、中国药店的合作，推进枸杞药用价值研究，开发“药”字号、“健”字号及“枸杞+”等功能性药食同源产品。全县新建富硒枸杞示范基地 2 666.7 hm^2。舟塔乡探索“枸杞+”发展模式，打造舟塔乡上桥村枸杞采摘主题体验园和民宿一条街，以“枸杞源乡，康养舟塔”为轴心，发展休闲农业和生态旅游产业。新堡镇联合 5 个村制定“一轴八片区”规划，打造集采摘、垂钓、休闲于一体的现代旅游观光农业示范基地。中宁枸杞产业集团流转农户586.7 hm^2 土地，全力打造红梧山枸杞种植基地。

枸杞产业博览会举办地——中宁国际枸杞交易中心作为全国最大的枸杞交易市场，截至 2022 年，已承办了 5 届枸杞产业（云）博览会。中宁县重点拓展中宁枸杞在医药、商超、电商等销售市场的流通渠道；大力发展观光游、体验游、康养游，推动枸杞产业和文化旅游、养生保健融合发展；举办枸杞饮食文化节，开发创新“枸杞宴”，加大品牌推广力度，“中宁枸杞”获 2020 世界地理标志产业博览会银奖。

（二）“盐池滩羊”品牌享誉海内外

享有“中国滩羊之乡”美誉的盐池县，是“盐池滩羊”的核心产区和国家级种质资源保护区，地处中国北方半干旱区农牧交错带。“盐池滩羊”是独特气候条件和地理环境下孕育的特有地方品种，荣获中国农产品百强标志性品牌。盐池县 2021 年入选全国农业全产业链典型县和 2021 年国家地理标志产品保护示范区建设名单，盐池滩羊产业具有较高经营价值。2017 年，盐池县组建宁夏盐池滩羊产业发展集团有限公司（简称“集团”）。通过“集团+协会+企业+合作社+养殖户+金融服务”的新型产业化联合模式，采取订单收购和社会化综合服务方式，开展滩羊收购进口和出口的统一工作，逐步实现“盐池滩羊”在购销价格、市场开拓、品牌宣传、营销策略、生产标准和饲草料使用上“六统一”。

2021 年，盐池县羊饲养量 322.7 万只，羊肉产量 2.86 万 t，滩羊全产业链产值达 64.5 亿元。规模化养殖比例达 66%，300 只以上规模养殖户 1 000 多户；有自治区和吴忠市两级农业产业化龙头企业 18 家，养殖合作社、家庭农场近 500 家。以标准化养殖示范村、示范场、生态牧场和规模化养殖园区为带动，推广应用 28 项滩羊生产、加工、饲养、鉴别、饲草料调制等产业技术规范、规程，形成了“可学习、能复制、易推广”的发展模式，辐射带动农户 1.98 万户，将千家万户小生产主体融入现代养殖业体系，对接千变万化大市场。与相关科研机构合作，建立盐池滩羊肉生产、加工、包装、分级、贮藏、销售等全链条质量管理的团体标准体系，确保生产主体识标、懂标、用标，推动全产业链标准化生产。完善“区域公用品牌+企业品牌+商品品牌+个人品牌”的营销模式，促进地理标志农产品特色化发展。在全国开设销售网点 226 家，盐池滩羊肉畅销全国 28 个省级行政区、50 多个大中城市；进入各大城市 153 家连锁超市、262 家餐饮企业，建立了“企业直销店+品牌专卖店+零售店+超市专柜+网络电商”的销售网络体系。“盐池滩羊”区域公用品牌在助推县域农业高质量发展、促进乡村振兴战略实施方面发挥了积极作用。

皖记沟村与盐池滩羊产业发展集团合建皖记沟村生态牧场，实施精细化科学饲养模式，构建滩羊全产业链，走精细化、高端化之路。生态牧场统一负责滩羊的养殖生产管理，集团提供特制饲料，统一运营、运输与销售等。生态牧场配备有保温性能的羊舍、一羊一孔的饮水设备、Wi-Fi 全覆盖的视频系统，还建有 2 km 的跑道，让羊只早晚“跑步锻炼”，保证滩羊肉品质。村民人均可支配收入由 2013 年的 2 860 元增长到 2020 年的 14 180 元，村集体经济从 2013 年的 0 元增加到 35 万元。以壮大村集体经济项目为契机，皖记沟村加快调整产业结构，流转土地 1.33 hm^2，引入公司合作，试种综合抗逆性较强、耐盐碱、适应性好的白玉山药，年销售收入可达 20 万元。

盐池县的成功经验：一是打造县域范围全产业链，拓展各环节外部市场。二是走量（规模化）或拼特（有特色），强化核心竞争力。三是在保护绿水青山前提下发展适度规模养殖。四是引企联村，抱团发展，整合扩增资源，完善产业上下游链条。五是政府为品牌背书，完善肉品生产规范、统一品牌认证系统，严格把控产品品质，培育忠诚客户。六是加强品牌引领作用。借助专业的品牌设计与营销团队，对乡村及农产品进行品牌形象塑造与营销推广，借助各类节庆活动，扩大品牌影响力与知名度，盐池滩羊肉多次被选为国宴食材，受到国内外嘉宾好评。七是搭建产业链参与者共建、共享与共赢的生态平台。通过构建田园综合体、产业特色小镇、共享农庄、现代产业园、康养综合体等，促进滩羊产业振兴。

（三）种业“芯”促进平罗县乡村产业振兴

平罗县地处宁夏北部石嘴山市，日照充足，灌排便利，产业基础坚实，所产种子籽粒饱满、发芽率高、耐贮藏，是全国公认的“黄金制种产业区”，被认定为“国家区域性蔬菜良种繁育基地”。

平罗县委和政府根据“产业为主导、企业为主体、合作社为依托，产学研相结合，育繁推一体化”的目标，发展现代种业产业体系，通过政策扶持、项目带动、科技创新等，培优培强制种产业，使之发展为该县农业特色支柱产业之一。

全县制种面积 5 333.3 hm^2，蔬菜和粮食制种面积分别为 4 233.3 hm^2 和1 100 hm^2。形成了以黄渠桥镇、头闸镇等乡镇为主的制种产业带，通过“公司+基地+农户订单”模式，建设 22 个 13.3 hm^2 以上制种园区，种子总产量超 2 100 万 kg，总产值近 4.2 亿元。

平罗县先后引进宁夏泰金种业股份有限公司、青铜峡市昊玉种业有限公司等科技型企业建基地、做加工、促销售。先后培育制种方面的自治区级龙头企业 7 家、市级龙头企业 4 家，22 家相关企业注册商标 22 个。培育“平罗种子”公用品牌，“宁兴”“银蔬”“昊粒籽”“乐淘牌”被认定为“宁夏著名商标”。供应宁夏 80%的蔬菜种子，占总产量 95%的种子销往全国 28 个省市，其中，菜豆类制种占全国市场的三分之一，部分茄果类杂交种子销往东南亚、中东等 27 个国家和地区。与 28 个省市的 160 多家客商建立长久业务合作，市场营销体系不断完善。

平罗县挂牌成立了宁夏种业研究院和分子育种实验室，先后培育推广 90 多个瓜菜新品种，45 个品种通过审定或登记，制定了 19 项种子生产技术规程，承担农业农村部、自治区及石嘴山市育种专项 7 项，获得国家发明专利 7 项，获宁夏科学技术进步奖二等奖 1 项。作为石嘴山国家农业科技园区制种核心区，平罗县连续九届设置全国种博会分会场，举办了 10 届宁夏种业博览会。

头闸镇西永惠村与蔬菜制种企业合作，建设高标准制种示范区 75.33 hm^2，探索出“乡村游+产业+体验+消费”新模式，打造五彩种博园产业融合特色品牌，拓展建设了集科普研学、劳动实践、观光采摘等于一体的生态休闲农业公园。

五星村利用壮大村集体经济项目资金，成立五星惠民蔬菜种子服务专业合作社，建设 40 hm^2 制种基地和集精选、色选、分级包装于一体的种子精深加工生产线，按照统一规范生产、统一技术服务、统一扶持政策等要求，探索“支部+合作社+公司+基地+党员+农户”等运行模式，带动农户进行蔬菜制种基地标准化、示范化建设，实现制种产业规模化经营。2021 年，该村人均可支配收入达 19 138 元，村集体经济收入达 31.5 万元。

（四）多元文化+新业态的龙王坝美丽乡村新模式

西吉县吉强镇龙王坝村地处国家4A级旅游景区火石寨和世界第二大震湖之间。村内有龙王庙寺庙群及保存完好的老地主古城堡；“神山”云台山和“圣水”龙王坝的故事，昭示了龙王坝村的悠久历史；青山秀水，壮美梯田，林下生禽，独特美味的农产品，窑洞宾馆，以及篝火晚会、冬季滑雪等文体活动，展示着乡村的独特魅力。这些对游客产生了巨大的吸引力，带动了民俗游、风情游和冰雪游。

龙王坝村按照农村变景区、农民变导游、民房变客房、产品变礼品的发展思路，规划引领，加强顶层设计，以“生态休闲立村、乡村旅游活村、林下经济富村”为抓手，结合美丽乡村建设，加强水、电、路等基础设施建设，加强文体服务设施建设与生产经营设施及生活设施改造，通过“文化融合、农旅融合、产旅融合”促进产业联动。强力发展特色产业，建成6.7 hm^2梯田高山观光温室果蔬园、66.7 hm^2油用牡丹基地、万羽生态鸡基地、农家餐饮中心、民宿一条街、滑雪场、窑洞宾馆、大型会议培训室、山毛桃生态观光园、儿童游乐园、乡村科技馆等，在全县乡村产业振兴和美丽乡村建设过程中发挥了示范和带动作用。

龙王坝村被评为西吉县产业化经营示范村、西吉县生态文明示范村，享有“中国最美休闲乡村”“全国生态文化村”“中国乡村旅游模范村”“全国科普惠农兴村先进单位”“中国乡村旅游创客示范基地”“国家级星创天地”“中国第四批美丽宜居乡村”“宁夏十大特色产业示范村”等荣誉称号。该村自成为中央电视台2016年农民春晚、2017年《乡村大世界》的拍摄现场以来，乡村旅游四季火爆。

八、产业关键技术突破增强产业发展后劲

宁夏按照推进农业特色产业高质量发展的要求，坚持“围绕产业、聚

焦瓶颈、加强创新、重点突破”的原则，突破了一批产业关键核心技术。

（一）育成一批优新品种

宁夏先后育成了小麦宁春55号，水稻宁粳48号、宁粳50号，马铃薯宁薯17号、宁薯18号等新品种。在枸杞定向育种、奶牛选育、滩羊基因鉴定编辑等技术领域取得重大突破，累计培育新品种29个（国家级7个），实现了枸杞2次、水稻7次、小麦6次、玉米5次更新换代。全区主要农作物优良品种覆盖率达到95%以上。各类新品种累计示范推广面积达36.9万hm^2，新增产值229亿元。在国内首次创新了优质高产奶牛早期选育技术、滩羊种质基因鉴定编辑技术和肉羊多性状基因聚合分子选育技术。组建了宁夏农作物育种工程技术研究中心、宁夏分子抗逆育种中心、宁夏优势特色作物现代分子育种重点实验室等研发平台，初步构建了现代高效分子育种平台，推动传统育种向定向高效精准育种方式转变。

（二）突破一批产业核心技术

葡萄与葡萄酒产业：初步构建起宁夏贺兰山东麓葡萄与葡萄酒产业技术体系，突破了酿酒葡萄脱毒种苗引进扩繁、起垄种植、节水灌溉、架杆选择、水肥一体化、简单机械耕作、埋土越冬展藤、智能酿造等一系列技术瓶颈。

枸杞产业：首次解析了枸杞高精度基因组，制定了《中医药——枸杞子》国际标准；研发并示范推广适合规模化和机械化作业的新型种植模式；构建了绿色优质高效生产技术体系；构建起宁夏枸杞病虫害检测预报大数据平台，实现枸杞病虫害防控测报体系主产区全覆盖。

奶产业：开展奶牛健康养殖、奶牛繁殖障碍性疾病防控、奶牛乳房炎预防等技术攻关，建立DHI测定和种公牛遗传信息等数据库4个，制定宁夏奶牛选择指数，建立早期选育技术体系、主要繁殖障碍性传染病的检测与监测体系、性控胚胎移植繁育技术体系，在国内创造了奶牛核心群平均单产11.2 t、个体最高单产 17.5 t 的高产纪录，生鲜乳营养价值指标乳脂率、乳蛋白率、体细胞数达到国内先进水平。

肉牛产业：研发集成了宁夏优质肉牛标准化养殖技术体系，突破了粗饲料利用、降低精准饲养成本等养殖技术瓶颈，在国内首次研发了人畜共患重大传染性疾病基因芯片快速诊断和病原检测技术，首创了放牧型人工草地建植及草畜高效转化模式，集成转化了先进适用的养牛技术，创建了肉牛健康高效养殖的“马沟模式”。

滩羊产业：创建了滩羊从种质、繁育、精准饲养、冷鲜肉生产到快速鉴别真伪的技术体系，突破了冷鲜羊肉生产技术瓶颈并建立了国内第一条滩羊冷鲜肉示范生产线，研发出畜产品多组分兽药残留联检技术，完成了兽药标准修订并纳入《中华人民共和国兽药典（2020 年版）》。

设施园艺：开发了工厂化育苗、日光温室模块化建造、超高产栽培等技术，构建了资源高效利用型设施蔬菜健康生产技术体系，完善了瓜菜产业优新技术整装配套，设施园艺生产技术达到西北地区领先水平。

智慧农业及农机农艺：研发了国内首个枸杞田间数据采集自动巡检平台、无人机变量施肥技术；研制出回收率达到 90%以上的地表残膜回收机，性能达到国内先进水平。杂交谷子采用渗水地膜机穴播技术连续 3 年单产破纪录，2020 年在旱情严重情况下每公顷产量 10 696.5 kg、产值64 179元、纯收入 53 529 元/hm^2。开发新型纳米肥药助剂 4 种、新型肥料17 种。开发秸秆饲料化、基质化、肥料化利用技术和标准，在示范区应用效果明显，减少施肥 25%、施药 30%，增产 10%以上。建立秸秆资源化利用示范中心 3 个，核心示范区秸秆利用率达 95%以上。

（三）建设一批农业科技示范园区

宁夏按照建设创新驱动发展先行区的部署，紧扣三级园区体系建设，聚集创新资源，打造现代农业发展载体，支撑产业发展。

建设5个国家农业科技园区。设立国家农业科技园区建设专项，每年在园区实施技术集成示范项目20项左右，促进设施园艺、奶牛、肉牛等特色优势产业发展。依托园区培育建设了宁夏农业物联网工程技术研究中心、宁夏奶牛科技研究院等一批创新平台，创立了技术研发与转移推广深度融合的协同创新机制。宁夏吴忠国家农业科技园区在平台搭建、产业集聚和推动循环农业与节水农业发展方面形成特色；宁夏固原国家农业科技园区在产业发展与六盘山生态建设融合方面形成优势；宁夏中卫国家农业科技园区注重枸杞、瓜菜特色产业创新发展，成效显著。

建设农业高新技术产业示范区。培育建设了银川农业高新技术产业示范区，制定了《宁夏贺兰山东麓葡萄酒产区创建国家农业高新技术产业示范区工作方案》，进一步明确任务，压实责任。2022年8月，国家地理标志产品保护示范区筹建名单公布，贺兰山东麓葡萄酒国家地理标志产品保护示范区入选，已核准使用贺兰山东麓葡萄酒地理标志专用标志的酒庄（企业）有39家，正在申请使用的酒庄（企业）有30家。

建设自治区农业科技示范展示区。围绕地方重点特色产业，在县（区）培育认定19个自治区农业科技示范展示区（占地面积2 800 hm^2），推动其成为先进适用技术和经营模式的展示基地。将科技特派员创业机制引入农业科技示范园区建设，以拥有科技特派员企业为主体，建立24个自治区科技特派员创业基地及农业科技示范园区。

主要参考文献

[1] 曹慧英，王义，孙亚丽. 发展绿色高质高效齐河模式 打造粮食产业振兴齐鲁样板［J］. 中国农技推广，2021，37（5）：19-20.

[2] 陈吉霞. 乡村产业振兴视角下县域农机购置补贴优化策略——以甘肃省临洮县为例［J］. 农机使用与维修，2021（4）：65-66.

[3] 何志发. 平和县琯溪蜜柚产业发展制约因素及产业振兴发展思路与建议［J］. 中国热带农业，2021（1）：38-40，30.

[4] 黄亚玲，李晓瑞，达海莉. 以创新驱动宁夏特色农业高质量发展［J］. 宁夏农林科技，2020，61（7）：40-43，59.

[5] 黄亚玲，李晓瑞，达海莉，等. 宁夏沿黄区域农业高质量发展的科技支撑探析［J］. 宁夏农林科技，2021，62（11）：60-63.

[6] 李碧强. 乡村振兴产业发展要做好“加减乘除”法——基于陕西汉中市的调研［J］. 农业科学研究，2020，41（3）：55-59.

[7] 李存福，屠德鹏，林积圳，等. 岷县猫尾草成特色产业 促民增收助力乡村振兴［J］. 中国畜牧业，2021（2）：29-30.

[8] 李晓天. 乡村振兴战略下农业产业发展问题与对策研究［J］. 经济管理文摘，2021（13）：3-4.

[9] 林毅夫. 新结构经济学：反思经济发展与政策的理论框架［M］. 增订版. 苏剑，译. 北京：北京大学出版社，2014.

[10] 刘晓斌. 大美育观视域下的“非遗”助力乡村振兴探究——以打造老河口木版年画特色村为例［J］. 襄阳职业技术学院学报，2021，20（6）.

[11] 罗锡文，廖娟，汪沛，等. 提高农业机械化水平 促进农业现代化发展［J］.中国农村科技，2021（1）：6–11.

[12] 牛震. 为乡村振兴筑牢产业基础——浙江嘉兴现代都市型生态农业发展观察［J］. 农产品市场，2020（21）：36–41.

[13] 秦倩倩，杨常伟. 科技推动乡村振兴及农业产业发展的路径探索［J］. 山西农经，2021（2）：13–14.

[14] 王军民. 中部地区农业产业结构调整研究［M］. 武汉：中国地质大学出版社，2009.

[15] 王乾润. 以产业振兴推动中巴经济走廊区域经济高质量发展的路径探索［J］. 北方经济，2021（1）：28–31.

[16] 汪晓文，李济民. 从产业扶贫到乡村振兴——河西走廊寒旱农区产业扶贫发展历程［J］. 西北农林科技大学学报（社会科学版），2021，21（4）：17–23.

[17] 王微，张静. 宁夏农业社会化服务体系发展现状、存在问题及对策建议——以土地托管为例［J］. 宁夏农林科技，2021，62（11）：55–59.

[18] 张庆军. 乡村振兴战略下畜牧产业发展研究［J］. 山西农经，2021（2）：75–76.

[19] 温淑萍. 新型农业经营主体“五层级”价值需求模式与升级发展战略对策［J］. 宁夏农林科技，2021，62（1）：41–46.

[20] 温淑萍，李培贵，王苗，等. 新型农业经营主体发展研究——以宁夏为例［J］. 安徽农业科学，2021，49（5）：247–251.

[21] 温淑萍，王微，张静，等. 乡村振兴背景下土地宜机化建设的逻辑与路径——以宁夏为例［J］. 宁夏农林科技，2021，62（12）：28–34.

[22] 温淑萍，张治华，李晓瑞. 关于促进宁夏粮食产业规模化生产的调查与建议［J］. 宁夏农林科技，2018，59（9）：42–43，58.

[23] 温淑萍，张治华，王微，等. 培育壮大村集体经济 驱动现代农业品牌化发展［J］. 宁夏农林科技，2020，61（8）：45–49.

[24] 杨世平. 乡村振兴内源式发展的要素和机制研究——以山东省寿光市C村为例［J］. 北京农业职业学院学报，2021，35（6）.

后 记

《乡村产业振兴之路径与实践——基于宁夏的研究与探索》一书历经四年多的孕育，终于面世了。特别要感谢中国工程科技发展战略宁夏研究院给予“宁夏引黄灌区乡村产业振兴路径研究”课题的大力支持。感谢“宁夏乡村振兴战略路径研究——产业振兴之路径”项目主持人——中国工程院院士、华南农业大学罗锡文教授的指导与支持，感谢项目组院士顾问团队成员——中国工程院院士陈温福教授、何季麟研究员、陈剑平教授、赵春江研究员、邹学校教授、康振生教授和张洪程教授的支持与指导。感谢农业农村部农业贸易促进中心张晓婉研究员、市场与信息化司赵卓处长，中国农业机械化协会会长陈志研究员，上海交通大学朱建国教授，中国农业科学院农业信息研究所许世卫研究员等领导和专家的支持及信息分享。

本项目实施过程中，宁夏回族自治区党委农村工作领导小组办公室、党委政策研究室、人民政府研究室、科学技术厅、财政厅、农业农村厅、发展和改革委员会、乡村振兴局、林业和草原局，宁夏大学、宁夏社会科学院、宁夏农林科学院等机构的相关领导和专家给予支持；银川市、中卫市、利通区、青铜峡市、平罗县、沙坡头区等市（县、区）农业农村局，中宁县舟塔乡、沙坡头区香山乡、利通区金积镇、贺兰县立岗镇、金凤区良田镇等乡镇，宁夏农垦肉牛食品有限公司、宁夏全通枸杞供应链管理股份有限公司、宁夏广银米业有限公司等龙头企业，相关农民专业合作社等组织与企事业单位协助调研；宁夏大学经济管理学院杨国涛教授、甘肃省农业科学院农业经济与信息研究所白贺兰副研究员、宁夏农业农村厅马玉梅高级农艺师等专家协助数据调查及分析，达成了第二章较为丰富的研究内容，在此一并致以最诚挚的感谢！

在本成果形成过程中，课题组成员张治华副研究员、王微助理研究员、张静助理研究员在协助调查、数据采集与问卷调查等方面做了大量卓有成效的工作，张治华副研究员为第三章和第五章内容的编写提供了大量基础数据，张静助理研究员参与了第四章部分内容的起草工作，课题组其他同志和宁夏农林科学院农业经济与信息技术研究所的同事也给予了很多帮助，在此深表谢意！